一本书玩转
互联网品牌营销

海天电商金融研究中心 编著◆

清华大学出版社

北 京

内 容 简 介

传统品牌营销正遭遇滑铁卢，受到移动互联网浪潮的强烈冲击。如何借力互联网的大势，借用各类新型网络推广技术，让品牌长上翅膀，飞得更高，是本书区别于市场同类书的亮点。本书从两条线帮助读者了解互联网品牌营销的相关知识。

一条是品牌营销战略线，内容不仅包括互联网品牌的营销思维、观念、渠道、要素、方法，还有品牌提升、品牌设计、个性塑造、品牌传播等，帮助企业从电商、产品等高度布局战略，站在互联网的风口，让企业飞得更远。

另一条是品牌营销工具线，如何借势借力最新、最火热的互联网营销工具，如百度推广、微信公众号、新浪微博、移动 APP、大数据、软文通稿、论坛、社区、SEM 营销、口碑营销、病毒营销、电子邮件营销、微视频营销等，帮助企业快速创立互联网品牌。

本书结构清晰、语言简洁、图表丰富，适合进军互联网的传统品牌企业、互联网品牌创业者、品牌企业的管理人员以及品牌营销人员阅读，还适合对品牌、营销感兴趣的人士阅读。

图书在版编目(CIP)数据

一本书玩转互联网品牌营销/海天电商金融研究中心编著. —北京：清华大学出版社，2017
（2017.8重印）
ISBN 978-7-302-45658-2

Ⅰ. ①一… Ⅱ. ①海… Ⅲ. ①网络营销—品牌营销 Ⅳ. ①F713.36

中国版本图书馆 CIP 数据核字(2016)第 285141 号

责任编辑：杨作梅
装帧设计：杨玉兰
责任校对：张彦彬
责任印制：杨　艳
出版发行：清华大学出版社
　　　　　网　　　址：http://www.tup.com.cn, http://www.wqbook.com
　　　　　地　　　址：北京清华大学学研大厦 A 座　　　邮　　编：100084
　　　　　社 总 机：010-62770175　　　　　　　　邮　　购：010-62786544
　　　　　投稿与读者服务：010-62776969, c-service@tup.tsinghua.edu.cn
　　　　　质量反馈：010-62772015, zhiliang@tup.tsinghua.edu.cn
印 装 者：三河市吉祥印务有限公司
经　　销：全国新华书店
开　　本：170mm×240mm　　印　张：16.5　　字　数：264千字
版　　次：2017 年 2 月第 1 版　　　　印　次：2017 年 8 月第 2 次印刷
印　　数：3001～4200
定　　价：45.00 元

产品编号：071844-01

前　　言

■ 本书内容

近年来，互联网以及移动互联网浪潮扑面而来，"品牌营销"是被提及最多的关键词。随着互联网创业者越来越多地把"品牌营销"放在嘴边，互联网品牌打造已渐成业界谈论最多的话题。

究竟什么是互联网品牌营销？营销工具有哪些？怎么样打造极致产品？这是每一个互联网企业和相关创业者必须思考的问题。

本书是一本以互联网品牌营销为核心，以探索互联网品牌打造和营销工具为根本出发点的专著，以图解的方式深度剖析互联网时代、移动互联网时代等阶段的互联网品牌营销，总计 9 大品牌营销工具及 7 大其他品牌营销方法。

本书最大的特点是通过 60 多张高清图片，以及 240 多张通俗易懂的逻辑图表，让您轻松读懂互联网品牌营销。

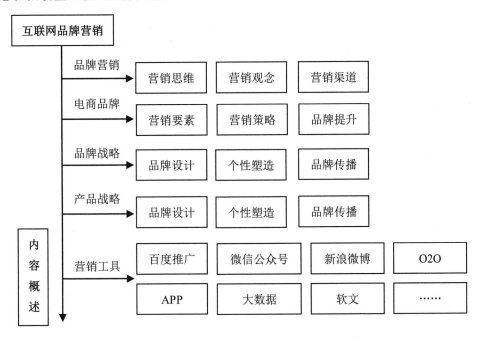

■ 写作驱动

现在，最具有业务创新性的领域都集中在互联网领域，互联网已经渗透到了各行各业中。如果脱离了互联网，企业会怎么样？很有可能被竞争对手赶超，被时代埋没和淘汰，从此销声匿迹。毕竟互联网的浪潮来势汹汹，不快速跟随潮流，进行创新，企业想要在这个网络时代占有一席之地，是一件非常困难的事，因此打造互联网口碑渐渐成为商家的必由之路。

全面解读品牌营销

互联网品牌营销是一种创新的、全新的思维模式，互联网也不再仅是一个工具和渠道，它还是一种精神，一种通过系统、融合的思维为企业打造人格化品牌的精神。品牌营销也不仅仅是停留在物质或者物理层面了，它已经上升到体验、文化的层面。

本书第1章、第2章详细阐述了互联网品牌营销的思维、观念、创新方法和创新渠道，帮助读者掌握互联网品牌营销第一手信息。

品牌电商营销之路

电商已经成为很多商家抢用的营销模式，由于电商的火爆现状，很多品牌企业也纷纷挤进电商模式中。电商品牌除了重视产品质量、用户体验、品牌重塑之外，还很重视线上线下电商品牌营销。

本书第3章主要为读者阐述品牌电商营销的要素、策略和提升的方案。

品牌战略与产品战略

品牌的定位与设计、个性与形象塑造以及品牌传播都有哪些原则和步骤？

产品延伸以及产品定价都有哪些策略和方法？

企业在品牌和产品的塑造中，如何展开？

本书第4章、第5章主要为读者阐述品牌战略与产品战略。

最接地气的营销工具

如何通过微博、微信吸引人流、打造口碑？

如何通过百度推广、软文、内容策划抓住用户眼球？

如何通过APP、大数据等工具抢占入口、打造品牌精准营销？

如何通过论坛、SNS社区传递品牌文化和精神？

本书在第6~14章为读者阐述9大互联网品牌营销工具，帮助企业赚得人气，打造口碑，塑造品牌形象。

其他品牌营销方式

能够实现品牌营销的当然不止那几种网络营销工具和营销策略，还有：

- 饥饿营销策略、病毒营销策略、口碑营销策略；
- SEM 营销工具；
- SEO 营销工具；
- 电子邮件营销工具；
- 微视频营销工具。

本书第 15 章将对这几种网络营销策略和营销工具进行详细的阐述。

笔者在本书中对上述的内容都做了相当详细、系统而翔实的讲述。当今时代，是互联网背景下的品牌企业的机遇、挑战与转型升级的时代。翻开这本书，您将踏上一段精彩绝伦的互联网品牌营销之旅……

■ 作者信息

本书由海天电商金融研究中心编著，参与编写的人员有贺琴、刘胜璋、刘向东、刘松昇、刘伟、卢博、周旭阳、袁淑敏、谭中阳、杨端阳、李四华、王力建、柏承能、刘桂花、柏松、谭俊杰、徐茜、刘嫔、苏高、柏慧等人，在此表示感谢。由于作者知识水平有限，书中难免有错误和疏漏之处，恳请广大读者批评、指正。联系微信号：157075539。

编　者

目　　录

目录

目录

第1章

互联网品牌：少投入带来大量的潜在客户

学前提示

在互联网时代，企业的品牌营销已经成为占领互联网领域的重要一环，互联网对企业品牌营销有着重大的影响，同时，互联网也给企业品牌营销带来了一定的挑战。本章主要探讨品牌营销相关概念、互联网品牌营销工具、互联网对品牌营销的影响及面临的挑战。

互联网品牌：少投入带来大量的潜在客户
- 品牌营销与互联网的碰撞
- 互联网对品牌营销的影响
- 互联网时代品牌营销面临的挑战

1.1 品牌营销与互联网的碰撞

随着互联网数字时代的来临，市面上的营销方式也跟随潮流发生了明显的变化，这就意味着互联网给新时代下的营销赋予了更多的使命——通过新的渠道打造沟通价值、消费价值，满足人们的个性化需求，创造更多的有效价值。

互联网给传统行业带来了深刻的变革，从企业内部的运营到外部的营销都产生了巨大的影响，如图 1-1 所示。

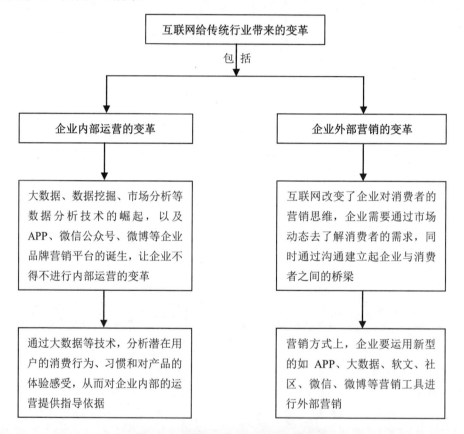

图 1-1　互联网给传统行业带来的变革

互联网不仅给传统企业带来了深刻的变革，也给人们的生活带来了巨大的变化，传统的营销方式主要以单向传播为主，而在互联网诞生后，企业的营销方式慢慢朝多样化的方向延伸，不仅如此，企业和消费者之间的互动性也增强了。

微博、社区等营销工具让人们以集群化的方式形成了庞大的社群圈，微信、APP

等移动营销工具也让人与人、人与企业之间的联系更加紧密。

　　未来的时代一定是以社群圈为营销目标的时代，未来的品牌营销也一定是与互联网、移动互联网等技术共通共联发展的，接下来主要为读者介绍互联网品牌营销相关的内容。

1.1.1　互联网品牌营销概念及工具

　　什么是网络品牌营销？在笔者看来，企业在互联网的基础上，以各种网络营销手段对自己的品牌、产品或服务等资源进行推广从而满足消费者需求、实现盈利的方式就叫作互联网品牌营销。

　　互联网品牌营销的网络营销手段有很多，具体如图 1-2 所示。

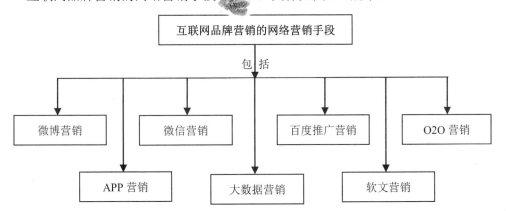

图 1-2　互联网品牌营销的网络营销手段

互联网品牌营销的目的包括两个方面。

●　帮助企业在消费者心目中树立良好的品牌形象；

●　通过网络营销手段将企业的产品和服务推广出去，实现盈利。

　　企业若想实现产品的推广和公司的盈利，那么就必须在消费者心目中树立良好的品牌形象，可以说，这两者是相辅相成的。那么，如何树立企业的品牌形象呢？

　　树立品牌形象其实也就是获得消费者信任的过程，而网络的虚拟性很容易给消费者带来不信任感，因此进行互联网品牌营销时，企业要更注重传播的媒介和内容。

　　在很多软文营销中，企业会通过热点事件、富有感情的故事、记者稿件的形式来获得用户的信任，有的企业已经率先提出了"新闻联播"式的营销模式，通过严谨的、正规的、有根据的"新闻"形式，来为企业产品或者服务进行宣传，从而获得公众的信赖感。

　　还有的企业从自身的技术层面出发，通过微信公众平台或者 APP 软件平台，为客户提供与产品相关的技术方面的知识，以专业化的形象增强用户的信任感。

无论企业想要通过互联网打造一个什么样的品牌形象，其核心都是通过良好的形象来获得消费者的信赖，因为只有在信赖的基础上，企业才能进行更深层次的推广和营销。

1.1.2 互联网经济时代的电商品牌

互联网时代的品牌营销主要是面对大众消费，通过网络营销工具传播品牌价值和产品服务，改变传统的商业模式，为企业带来巨额利润。

电商是在互联网时代发展起来的新型产业模式，它将商城直接搬上网络，改变了人们传统的生活方式，可以说，电商是互联网品牌营销的首要代表。从广义上看，电商分为两种，如图1-3所示。

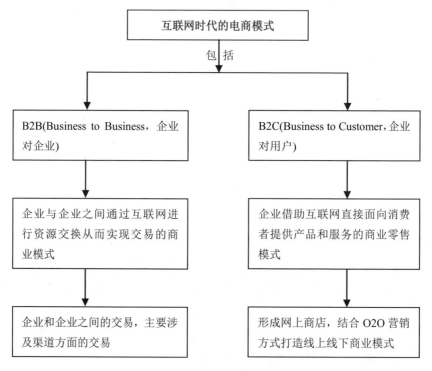

图1-3　互联网时代的电商模式

 O2O 模式被看作是电子商务的一大新的掘金点，目前，各领域被挖掘出来的O2O 模式非常丰富，诸如社区 O2O、美容 O2O、医疗 O2O、餐饮 O2O、教育 O2O等早已经慢慢嵌入了人们的生活中。互联网电商品牌营销必须结合电商网络营销方式，打通如图1-4所示的各个环节。

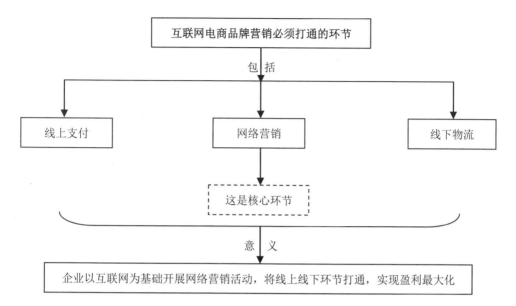

图 1-4　互联网电商品牌营销必须打通的环节

电商品牌将线上线下环节打通后，就能够进行整合营销，整合营销就是将企业内部资源、企业外部资源进行整合，同时整合线上线下资源，实现企业一体化营销。

而电商品牌想要开展网络营销活动，就必须借助网络营销工具，网络营销工具会在后面进行详细介绍。

1.1.3　互联网经济时代品牌营销的特点

互联网经济时代，企业运营模式渐渐发生改变，同时看待网络的方式也发生了改变。在这些企业眼中，网络不仅仅是一个电商平台，它还是一个媒体，一个能够让企业通过门户网站、热点话题或者微博、SNS、贴吧、论坛、微视频等工具来扩大品牌影响力的媒体。

互联网的发展不仅仅为人类创造了更多的资源信息，还改变了人们接收信息的方式、增加了人们接收信息的渠道，由此，整个社会商业模式也发生了改变，信息透明化、营销互动性越来越强、营销方式逐日增加是互联网时代最大的特点。而企业想要通过这个平台创造出更多的价值和财富，就要懂得互联网经济时代品牌营销的几大特点，如图 1-5 所示。

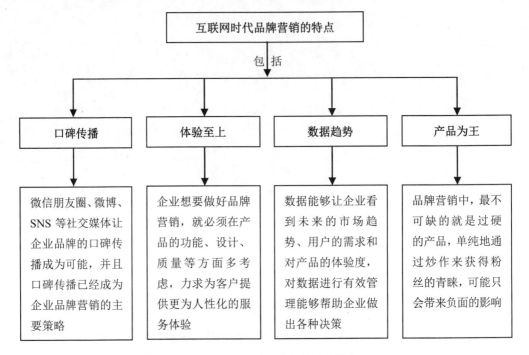

图 1-5　互联网时代品牌营销的特点

1.1.4　移动互联网使品牌实现精准营销

移动互联网技术兴起后，企业便能够对消费群体进行不同程度的细分，例如在移动终端上开发出的母婴 APP，就是针对母婴用户人群制定的；手游商家会根据自家品牌的用户群定位，进行针对性的广告推送。正是因为这种垂直化的、细分化的用户群定位，才能够让移动互联网品牌进行精准化营销。

还有些专业化机构，能够为企业提供追踪用户行为的平台和软件，帮助企业运用强大的运算和数据分析功能来了解每一个用户的行为轨迹，以最快的速度找到自己的目标消费群体。移动互联网虽然为品牌提供了精准营销的媒介，而大数据却是帮助企业实现精准营销的核心技术，因此，在移动互联网时代，企业想要实现品牌精准化营销，必定离不开大数据技术。

通过数据分析，企业能够了解到如下的内容。

- 用户的地理位置；
- 用户的行为习惯；
- 用户的产品体验度；
- 用户的需求；

- 广告投放的回报率；
- 如何制作网页才能实现很好的粉丝转化率；
- 运用 APP、微信、微博、社群、贴吧等营销工具进行营销的效果。

移动互联网时代，精准营销已是大势所趋，它的主要作用如图 1-6 所示。

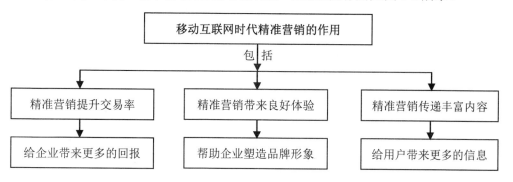

图 1-6　移动互联网时代精准营销的作用

1.1.5　互联网品牌营销工具与用户特征

在品牌营销中，网络营销的重要性不言而喻，它与网络用户特征有着密不可分的联系。据调查，当前网络用户一般具有如图 1-7 所示的总体特征。

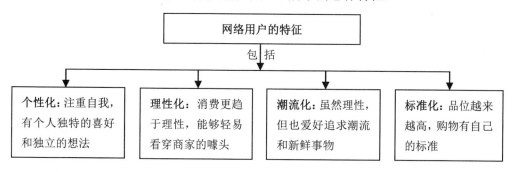

图 1-7　网络用户的特征

同时，消费者的消费观念也发生了很大的变化，绿色消费、安全消费成为人们主流的价值观，总而言之，网络用户的主要消费特征是：追求新潮、勇于尝试，同时又有一定的理智，不会被铺天盖地的广告迷了双眼。

因此，企业需要把握好消费者的心态，抓住消费者的需求，同时配合网络营销工具，才能进行高效的品牌推广和传播。

网络营销工具在企业品牌营销中发挥着重要的作用，因此在之后的章节里，会对各大网络营销工具进行详细的介绍。

1.2 互联网对品牌营销的影响

企业想要占据市场，就必须打造自己的品牌，通过大数据分析了解客户的需求，通过品牌营销让消费者知晓品牌的存在，通过口碑效应、优质的产品和服务来提升企业品牌的影响力，由此可以看出，创业企业的首要工作就是创建品牌，推广品牌，提升品牌影响力。

随着互联网、移动互联网的飞速发展和广泛应用，使传统的品牌营销发生了巨大的改变，特别是互联网时代下的互联网思维，对品牌营销的影响更大，本节主要介绍互联网在如图 1-8 所示的几个方面对品牌营销产生的影响。

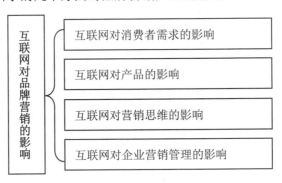

图 1-8　互联网对品牌营销的影响

1.2.1 互联网对消费者需求的影响

网络消费群体随着社会的发展日益壮大，通过网络消费，人们的购买行为发生了诸多变化。

- 购买时间、购买地点没有限制，只需要一台电脑，就能随时随地进行网络购买行为；
- 没有嘈杂的环境，可以独自在家安静地进行购买行为；
- 商品选择多样化，海量商品中总能挑到令自己满意的产品；
- 消费者购买更趋于理性化，可以根据自身情况综合考虑权衡是否购买产品。

这些都是互联网给人们带来的便利之处，下面从互联网消费者的需求和团购对消费者的影响两方面阐述互联网对消费者需求的影响。

1) 互联网消费者的需求

随着互联网的崛起，21 世纪消费者的需求和消费特征早就发生了变化，传统的线下商城正在被线上商城取代，传统的线下折扣活动正在被线上强力度的促销活动所取代，只要有网络的地方，就能进行交易，而且每个消费者的消费习惯都不尽相同，传统的线下消费行为已经不能满足所有消费者的需求，只有通过网络消费来实现。互联网时代，消费者的需求如图 1-9 所示。

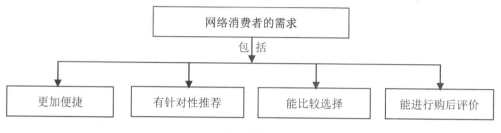

图 1-9　网络消费者的需求

(1) 更加便捷。

更加便捷是未来网络消费的一大趋势，只要一台电脑，人们就能足不出户购买到自己想要的产品，产品由快递员送到楼下。外卖行业能够发展得这么快，也正是因为它符合了人们的消费需求。

(2) 有针对性推荐。

相比传统的广告传播途径，互联网平台为企业提供了更多的广告传播途径，也为人们带来了广泛的信息接收渠道，企业可以根据自己的目标用户群体定位进行有针对性的推荐，而消费者也可以接收到有针对性的产品推荐，而不用在海量产品或资源中苦苦搜寻自己想要的信息了。

(3) 能比较选择。

互联网为用户提供了一个可以选择比较商品的平台，用户在网上寻找商品的时候，有足够的时间思考自己想要什么样的产品，而且可以根据产品展示、其他用户的评价或者产品的消费情况、产品的口碑来比较同一类商品在特性上的差异，这些商品的特性包括如图 1-10 所示的内容。

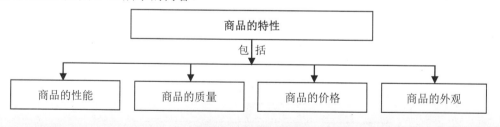

图 1-10　商品的特性

(4) 能进行购后评价。

商品的质量好坏会影响用户购买体验，互联网为各企业开通了评价体系，帮助用户及时将产品体验和评价回馈给企业。购后评价有两方面的作用，如图 1-11 所示。

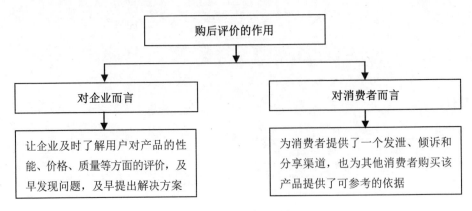

图 1-11　购后评价的作用

2）团购对消费者的影响

在商品销售的过程中，商品的价格对用户的购买行为能产生非常大的影响，这也是为什么促销、折扣商品那么受人追捧的原因，大多数消费者都有追求低价的心理趋势，因此低价有时候能成为企业销售商品的一大利器。

但并不是所有低价产品都能获得消费者的欢迎，除了低价之外，消费者也很重视产品的质量，因此"物美价廉"的产品才最受消费者青睐，团购消费常常能够为消费者提供此类产品和服务。网络团购销售是大众消费的一个渠道，其本质就是"薄利多销"，因此网络团购消费在渐渐改变传统的网络消费模式。

团购消费不仅类型丰富，而且产品往往以娱乐休闲为主，因此深受青年人的喜爱。在网络团购时，消费者还可以进行性价比的衡量，直到找到自己满意的团购产品为止，相关介绍如图 1-12 所示。

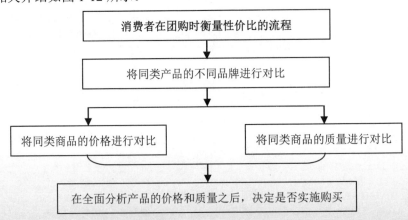

图 1-12　消费者在团购时衡量性价比的流程

因此，企业在进行互联网品牌营销时，首先需要综合考虑互联网对消费者需求的影响，再制定商品质量、价格和服务等相关品牌营销策略。

1.2.2　互联网对产品的影响

互联网对产品的影响主要体现在产品销量上，产品销量的提升主要依靠企业运用各种网络营销手段来实现，可以说这些网络营销手段的运用对产品销售有着巨大的影响。

比如有两家电器公司，一家不在网上做任何宣传，也不通过网络营销手段进行品牌营销，只在线下进行产品的销售；而另一家却运用百度推广、贴吧、微博等网络营销手段进行产品的推广和传播。不用说，这两家企业产品的销量也一定会出现很大的差距，第二家公司运用互联网思维和网络营销手段让产品传播的范围更为广泛，哪怕这两家产品的质量和价格不相上下，购买第二家公司产品的消费者也绝对比第一家多很多倍。

这就是互联网对产品销售造成的影响。同时，互联网对产品的质量也会造成一定的影响，互联网为企业和消费者提供的购物评价平台，让企业看到了自身产品的不足，在产品创新和改革上，就会更加注重产品质量的提升，为消费者提供更为优质的产品和服务。

互联网是一个有着无限潜力的平台，企业在进行品牌营销的时候，要充分地利用互联网资源，尤其在塑造品牌形象方面，网络营销推广手段是必不可少的工具。

1.2.3　互联网对营销思维的影响

在互联网时代，互联网思维占据了商业的主导地位。什么是互联网思维？互联网思维就是以用户为中心，提供良好的体验，以满足消费者的需求。

互联网从如图 1-13 所示的方面改变着企业传统的营销思维模式。

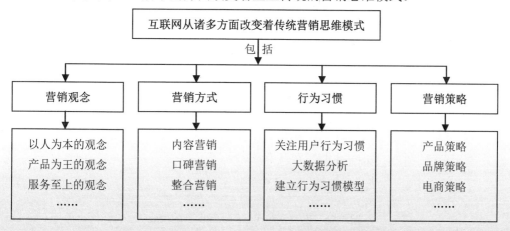

图 1-13　互联网从诸多方面改变着传统营销思维模式

1.2.4   互联网对企业营销管理的影响

互联网时代，企业必须重视产品营销管理，而在产品营销管理中，最重要的一个步骤就是建立科学的营销管理体系，该管理体系需要包含营销内容、产品、价格、出货、回款以及促销活动等内容，重点从如图 1-14 所示的 3 个方面进行把控。

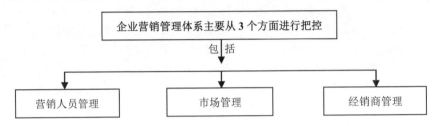

图 1-14   企业营销管理体系主要从 3 个方面进行把控

把握好这 3 个环节的细节，再加上制定健全的目标营销考核体系，企业就能轻松实现企业营销管理。

1.3   互联网时代品牌营销面临的挑战

互联网时代，由于企业品牌营销的环境和手段发生了根本改变，因此企业在进行互联网品牌营销时，不得不从观念、战略、策略等方面进行相应的调整。然而机遇与挑战并存，有了机遇，一定也会遇到很多的挑战，本节主要介绍互联网时代品牌营销面临的挑战，如图 1-15 所示。

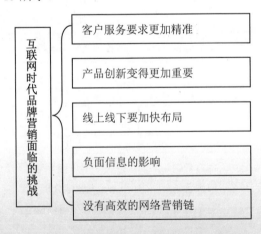

图 1-15   互联网时代品牌营销面临的挑战

1.3.1　客户服务要求更加精准

互联网时代，消费者的消费观念和消费习惯随着时代的改变而发生了改变，相较于传统的只重视产品质量和价格的消费理念，新时代的消费者在另一方面也开始有了更高的要求，那就是"网络客服质量"。

企业在塑造品牌形象的过程中，不能只热衷于价格的竞争，通过促销大战来赢得消费者的青睐只能成功一时，想要更好地服务消费者，赢得消费者的信赖，就必须将客服服务重视起来。

网络营销时代，客服服务包括如图 1-16 所示的 3 项内容。

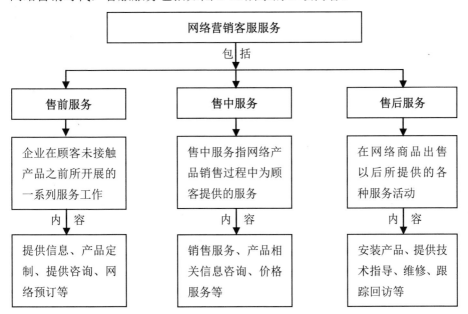

图 1-16　网络客服服务内容

售前服务的主要作用是帮助客户做好前期规划，让产品尽可能地满足用户的需求，取得用户的肯定，最大程度上提高综合经济效益。

售中服务是很关键的一环，它具有两方面的作用。

- 满足客户购买欲望；
- 满足客户心理需求。

售中服务是一把"双刃剑"，优质的售中服务能够帮助在客户和企业之间建立起信任的桥梁，而失败的售中服务不仅不会增加客户的购买欲望、满足客户的心理需求，还会为企业在品牌营销过程中带来负面的影响，因此提高售中服务的质量是每个企业都需要重视的问题。

和售中服务相比，售后服务同样发挥着重要的作用。在互联网品牌营销中，售后服务已成为企业增加市场份额的重要一环。售后服务有如图1-17所示的几点作用。

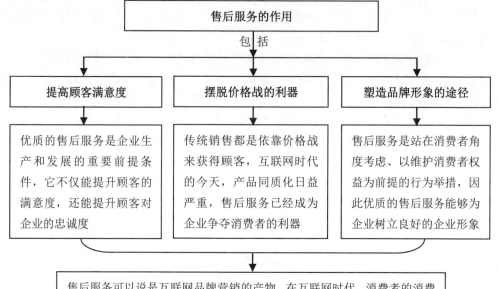

图 1-17　售后服务的作用

1.3.2　产品创新变得更加重要

互联网时代，市场竞争越来越激烈，技术发展的速度也越来越快，企业想要在品牌大战中获得领先的地位，就必须考虑产品创新。好的产品对于塑造企业品牌起着至关重要的作用，可以说产品创新已经成为品牌打造过程中的重要一环。

然而，现阶段我国品牌企业的产品开发能力和创新能力依然较弱，导致这个结果的原因主要有以下几点。

- 对产品开发的困难预估不足；
- 企业自身技术薄弱；
- 创新成本太高；
- 可行性分析能力弱，不敢随意开发。

虽然遇到重重阻碍，但是产品创新依然是互联网品牌打造的重要途径，产品创新的主要意义如图1-18所示。

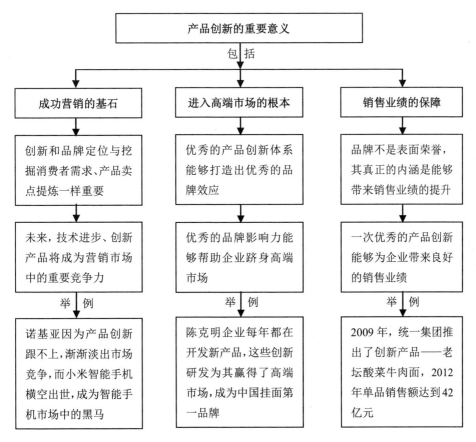

图 1-18　产品创新的重要意义

在当今社会，越来越多的网络营销手段被应用到品牌营销中，产品和服务的创新一直是企业品牌营销的核心，企业想要通过互联网进行品牌营销，就千万不能忽视产品创新的重要性。

1.3.3　线上线下要加快布局

近年来，凭借独特的互联网营销策略，许多新兴品牌在激烈的市场竞争中企图通过线上线下 O2O 业务实现品牌的迅速提升。就目前来说，除了以阿里巴巴为代表的电子商务行业在 O2O 布局迅速之外，很多企业的线上线下业务依然遭遇布局缓慢的障碍。

线上、线下营销推广的渠道有很多，如图 1-19 所示。

通过微信、QQ、微博等媒体发布信息，都可以统称为线上活动，而在实体店、面对面进行的销售行为，均可被称为线下活动。线上线下推广营销的事例有很多，例如电商、外卖、滴滴打车等，消费者都是在线上下单，快递员、外卖员或出租车司机则是在线下进行服务；还有美甲行业、按摩行业，也渐渐在这个领域崭露头角。

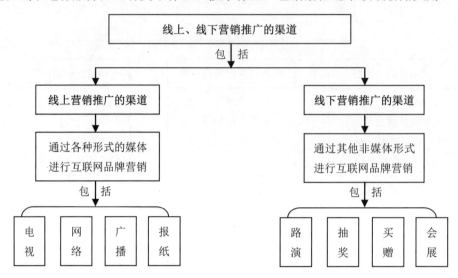

图 1-19 线上、线下营销推广的渠道

线上线下的消费模式为用户的生活带来了诸多便利，企业在进行互联网品牌营销时，大多数企业都赶不上人们需求的变化速度。当别人已经在如火如荼地开展线上线下 O2O 闭环模式时，很多企业还在营销道路上艰难地摸索，因此，企业必须加快线上线下的布局速度，否则就只能看着别的企业抢占领先地位。

1.3.4 负面信息的影响

21 世纪，网络具备如图 1-20 所示的几大特点。

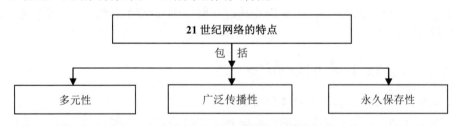

图 1-20 21 世纪网络的特点

企业在互联网品牌营销过程中，一旦出现负面新闻，就会对企业口碑产生非常不好的影响，企业在品牌营销中就会陷入被动的状态。

随着网络对人们生活的影响不断深化，网络口碑成为互联网品牌营销的重要一环，其主要在如图 1-21 所示的两方面对互联网品牌营销发挥重要作用。

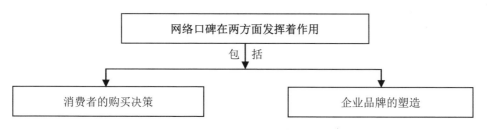

图 1-21　网络口碑在两方面发挥着作用

　　互联网的兴起及应用，让人们对互联网品牌营销投以越来越多关注的目光。不论是什么行业，通过网络营销工具进行网络宣传都已成为企业公关部门重要的对外推销手段，因此，减少负面新闻，塑造良好的品牌形象是企业在互联网品牌营销中需要考虑的重要事项。

1.3.5　没有高效的网络营销链

　　互联网时代，抓住消费者就是抓住了市场。而企业想要抓住消费者，提升市场份额，就必须建立高效的网络营销链。

　　然而，目前很多企业的网络营销链都没有真正地建立起来，具体情况如图 1-22 所示。

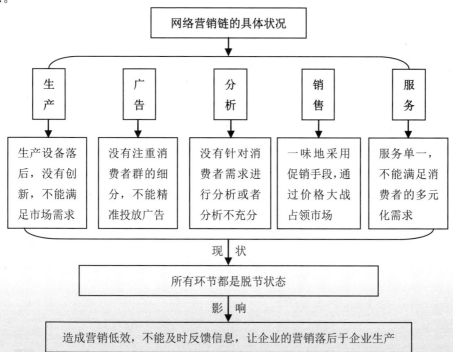

图 1-22　企业网络营销链的具体状况

第 2 章

互联网思维：实现营销观念以及
方法创新

学前
提示　　在互联网、移动互联网、大数据、云计算等技术广泛应
用于营销领域的情况下，企业不得不开始重新审视市场、产
品、用户、企业品牌塑造以及整个商业生态的现状和发展，
互联网思维慢慢得到延伸。本章主要探讨品牌营销中的互联
网思维和互联网创新方法。

品牌营销的互联网新思维

互联网时代的营销观念创新

互联网思维：实
现营销观念以及
方法创新

互联网时代的营销方法创新

互联网时代的营销策略创新

互联网时代的渠道创新

2.1 品牌营销的互联网新思维

互联网思维给企业带来了越来越多的便利。最早提出这个名词的是百度公司的创始人、董事长兼首席执行官——李彦宏，他说："企业家要有互联网思维，也许你从事的行业与互联网无关，但是你要从互联网的角度去思考问题。"

互联网思维不仅仅是一种技术，它更是一种思维方式，它将从如图 2-1 所示的几方面对传统企业价值链做一个系统的重构。

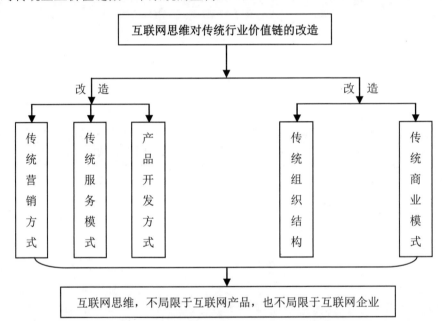

图 2-1　互联网思维对传统行业价值链的改造

为什么互联网思维能够这么火？原因有如下三点。

- "互联网+"已经渗透进各个行业，互联网、移动互联网的到来，改变了人们的生活方式。为适应人们日益更新的产品需求、服务需求和创新需求，传统行业不得不向"互联网+行业"转型；
- 以 BAT 为代表的商业巨头，让企业看到了互联网思维的重要性；
- 互联网给企业带来巨大便利的同时，还带来了利益的滚动。

企业想要利用好互联网思维，就必须了解互联网思维的主要特征。互联网思维的主要特征如图 2-2 所示。

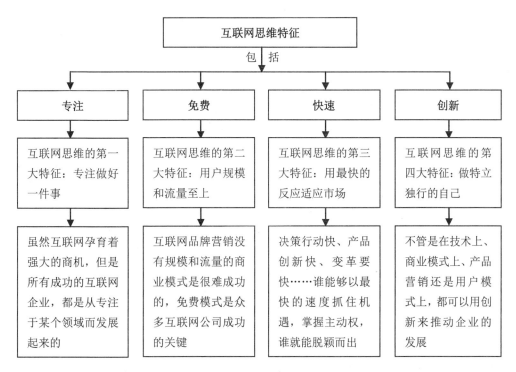

图 2-2　互联网思维特征

在互联网品牌营销中，企业要注重互联网品牌营销思维，本节将为读者介绍如图 2-3 所示的几点互联网品牌营销思维。

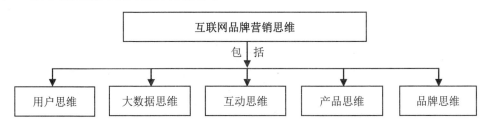

图 2-3　互联网品牌营销思维

2.1.1　用户思维：体验铸造竞争力

在互联网品牌营销过程中，用户思维发挥着巨大的作用，互联网的传播性和便利性，让每个公民都成为网络的主体，在网络营销过程中，他们不再只是旁观者，还是见证者、参与者与体验者，这种角色的快速转换让企业品牌营销变得更为谨慎，以人为本、用户至上、以客户为中心的理念成为互联网企业必须面对的现实，具体介绍如图 2-4 所示。

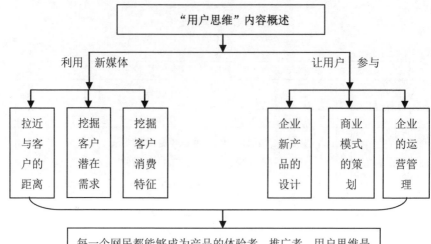

图 2-4 "用户思维"内容概述

2.1.2　大数据思维：精准营销的利器

大数据思维是随着互联网、大数据等技术发展起来的互联网思维。因为网络让数据的获取更加便捷，因此企业可以通过大数据技术，对用户的消费行为、消费习惯、消费心理特征等数据进行精准分析，相关内容如图 2-5 所示。

2.1.3　互动思维：双向传递的信息

传统意义上的互动是指一群人聚集在一起，通过交流去解决某个问题，而互联网时代的互动思维是指网络信息的双向互通。因为网络的特殊性，改变了传统单向的信息流动方式，网络舆论的生成让企业可以看到用户内心的想法，每个人都是互动的主体，每个人都有属于自己的不同观点和意见，这些观点的交流和交融能够为企业带来全新的面貌。

在互联网品牌营销中，互动思维是非常重要的，它在如图 2-6 所示的领域发挥着重要作用。

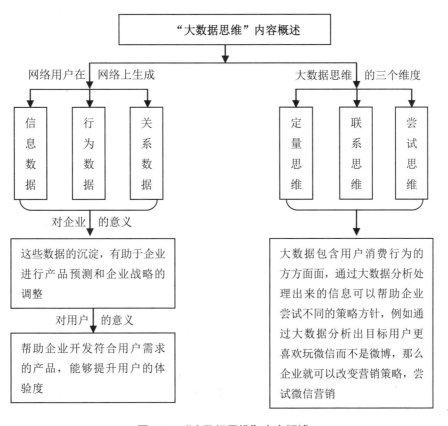

图 2-5　"大数据思维"内容概述

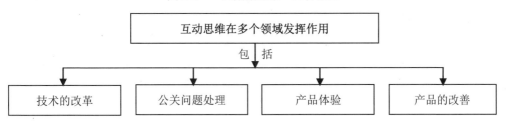

图 2-6　互动思维在多个领域发挥作用

2.1.4　产品思维：品牌定位的基础

产品思维是互联网品牌营销重要的思维模式，在互联网时代，所有的产品都必须关注如图 2-7 所示的 3 个核心。

在互联网品牌营销中，需要考虑如图 2-8 所示的几点产品意识。

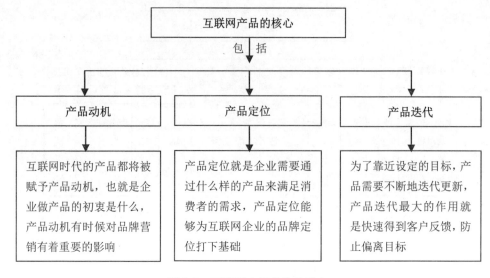

图 2-7　互联网产品关注的核心

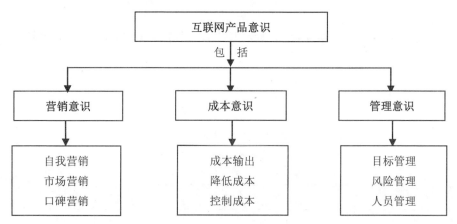

图 2-8　互联网产品意识

2.1.5　品牌思维：用分享塑造品牌形象

　　品牌推广是所有企业共同关心的话题。传统品牌推广往往是运用传统媒体将信息一股脑全部塞给顾客，这种品牌推广的形式已经不再适应新媒体时代的发展，终将退出历史舞台。

　　新媒体时代的品牌营销更加注重分享，互联网时代的消费者已经从传统的信息接受者转变成信息的生产者和传播者，微信、微博、社区等营销手段的兴起，为消费者提供了信息分享平台。在这些平台上，人们可以实现如图 2-9 所示的分享行为。

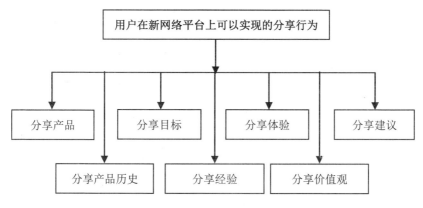

图 2-9　用户在新网络平台上可以实现的分享行为

这些分享行为对于互联网企业品牌形象塑造和品牌营销有着重要意义，如图 2-10 所示。

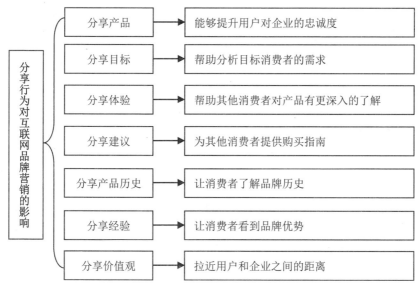

图 2-10　分享行为对互联网品牌营销的影响

2.2　互联网时代的营销观念创新

互联网时代，微博、微信、QQ 等社会化媒体的规模越来越大。智能手机的发展，大大地改变了人们的生活方式，人们的碎片化时间能够被利用起来，用户众多、信息传播量巨大成为新媒体时代最大的特征。

而社会化媒体的内容特征也十分显著，如图 2-11 所示。

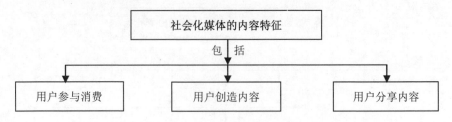

图 2-11　社会化媒体的内容特征

正是基于社会化媒体的大力发展，网络传播速度远远超过传统推广者的想象，若想在激烈的竞争中脱颖而出，企业就必须进行营销观念的创新，如图 2-12 所示。

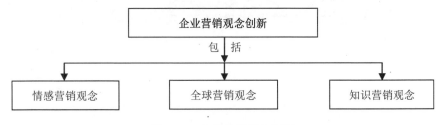

图 2-12　企业营销观念创新

本节就从这 3 个方面为读者介绍互联网时代的企业品牌营销观念创新。

2.2.1　情感营销观念

情感营销观念是指将企业品牌营销的重点放在满足消费者的情感需求上，相关介绍如图 2-13 所示。

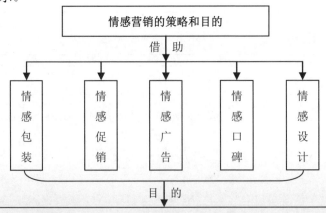

图 2-13　情感营销的策略和目的

随着市场经济的发展，人们的生活水平越来越高，品牌的营销已经从传统的理性层面上升到了感性层面，情感营销在品牌营销中发挥着越来越重要的作用，情感营销也越来越受到消费者关注。

2.2.2 全球营销观念

为了适应世界经济环境的发展和变化、加强自身在国际市场的竞争力，大型集团慢慢将产业一步步向全球经济市场靠拢，全球营销观念也慢慢诞生了。

什么是全球营销？全球营销就是指企业为取得全球性竞争优势而在全球范围内展开营销战略布局的行为。全球营销主要包括如图 2-14 所示的内容。

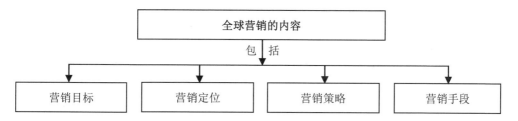

图 2-14 全球营销的内容

全球营销有 3 个重要特征，如图 2-15 所示。

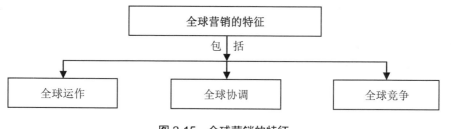

图 2-15 全球营销的特征

开展全球营销的企业在评估全球经济市场和制定全球营销策略时，应该把眼界放得开阔一点，着眼于全球，而不应有国界的限制。

2.2.3 知识营销观念

知识营销是指企业将企业拥有的有价值的知识信息传递给潜在用户，从而让用户对企业品牌和产品形成认知的营销行为。企业能够传播的知识信息包括如图 2-16 所示的内容。

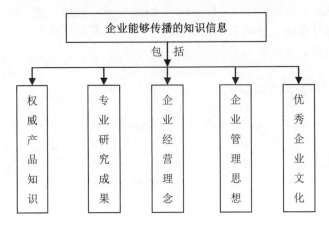

图 2-16　企业能够传播的知识信息

知识营销的含义如图 2-17 所示。

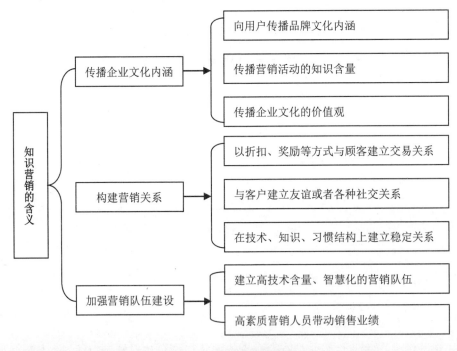

图 2-17　知识营销的含义

2.3　互联网时代的营销方法创新

网络的诞生，让人们的生活发生了翻天覆地的变化，企业的营销方法也渐渐呈现出新的面貌，传统营销模式已经跟不上时代发展，新的营销方式正跃然而起。本节为读者介绍互联网时代的创新型营销方法。

2.3.1 柔性营销

柔性营销是指企业根据客户的需求，适时调整企业营销策略的一种营销方式。柔性营销的核心就是从顾客的需求出发，为顾客提供满意的产品或服务，从而达到营销的目的。

柔性营销有如图 2-18 所示的特征。

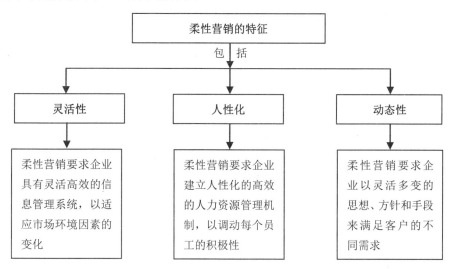

图 2-18　柔性营销的特征

2.3.2 零库存营销

零库存营销是一种先接单、后生产的营销方法，具备如下的优点。

- 灵活性：能够根据顾客的需求做出相应的调整；
- 低成本：不仅节省了库存空间，还降低了人事管理费用和销售成本；
- 低损失：可避免商品滞销造成的损失；
- 高效率：有效提高企业建立销售计划和销售体制的效率，还能提高销售员的能力；
- 人性化：能够促使销售员深入了解顾客的需求。

2.3.3 事件营销

事件营销是指企业通过具有新闻价值、社会影响以及名人效应的人物或事件，来吸引社会媒体和消费者的目光，从而传播企业品牌、提高企业知名度、促成销售的一种手段。

事件营销具有如图 2-19 所示的特征。

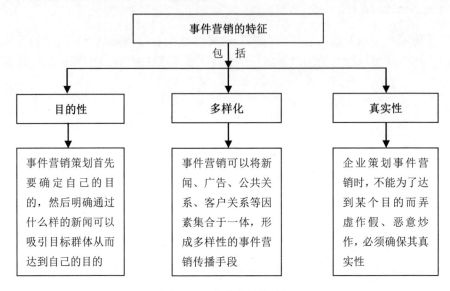

图 2-19　事件营销的特征

2.4　互联网时代的营销策略创新

互联网时代的营销主要通过互联网技术实现信息的分享和传播，而互联网技术的高效传播性和信息交互性，让用户越来越容易获得大量信息，选择自己想要的产品，因此，企业如果想要在激烈的竞争中抢占市场，就必须开拓互联网时代的新型品牌营销策略，本节为读者介绍如图 2-20 所示的创新品牌营销策略。

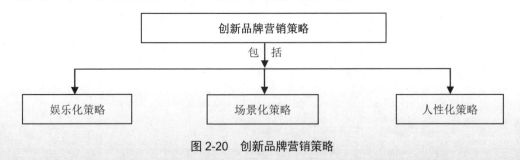

图 2-20　创新品牌营销策略

2.4.1　娱乐化策略

互联网时代，消费者喜欢任何具备娱乐化性质的事物，企业在利用互联网进行品牌营销的时候要抓住这个特点，打造一套创新的娱乐化品牌营销策略。

娱乐化品牌营销是品牌传播的一种手段，指企业在利用互联网进行品牌营销的过程中，利用各种娱乐化元素，吸引消费者的目光，达到品牌传播的目的。

娱乐化品牌营销策略有如图 2-21 所示的要点。

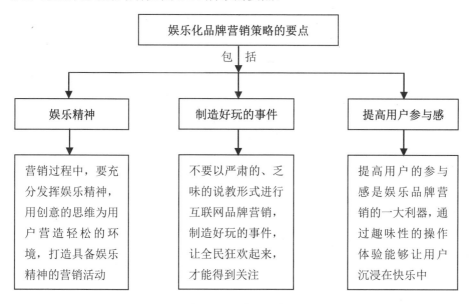

图 2-21　娱乐化品牌营销策略的要点

2.4.2　场景化策略

互联网时代，企业想要真正打动用户，最好的办法是设置一个贴近生活的场景，让用户不知不觉中融入其中，自然而然地接受企业提供的营销信息。

简单而言，场景化品牌营销策略就是企业为消费者提供各类场景，让消费者在还没察觉出的情况下就完成了购买行为。

场景化品牌营销有 4 个重要环节，如图 2-22 所示。

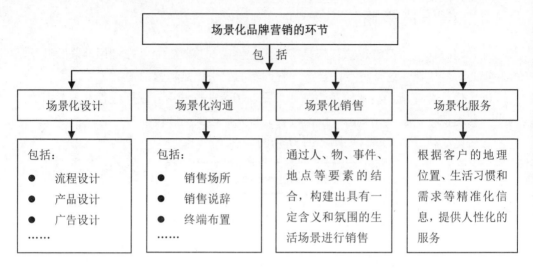

图 2-22　场景化品牌营销的环节

2.4.3　人性化策略

传统的营销策略在满足人性化这点要求上一直有所欠缺，而随着互联网、移动互联网等技术的发展，企业对互联网思维有了深层次的理解，人性化营销策略也被企业重视起来。

人性化品牌营销是新时代的营销理念，它是在互联网时代，随着消费市场的成熟而崛起的。

人性化营销要求企业重视人性，充分满足人性的需求来进行市场营销活动。人性化营销过程要求在商家和顾客之间建立起一座温情的桥梁，通过商家的关爱，让用户感受到情感价值。

2.5　互联网时代的渠道创新

什么是渠道？渠道是销售产品的通道吗？在笔者看来，渠道是一个营销战略系统，是产品从商家手里转移到消费者手里的一个过程，渠道是一股推动力量，这股力量由销售者组成，企业必须对渠道战略系统进行严格的管理和控制。

本节主要为读者介绍互联网时代创新渠道的相关内容。

2.5.1　品牌渠道变革

传统的品牌渠道变革，经历了多个阶段，如图 2-23 所示。

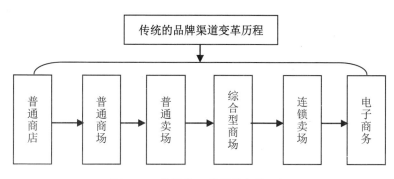

图 2-23　传统的品牌渠道变革历程

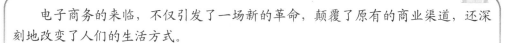

电子商务的来临，不仅引发了一场新的革命，颠覆了原有的商业渠道，还深刻地改变了人们的生活方式。

2.5.2　快消品的 O2O 模式

在互联网上，快消品一直很难打开市场，原因有如下几点。

- 用户消费频率高；
- 产品价格低；
- 产品物流成本高；
- 用户消费周期短；
- 属于即用型消费。

电商的崛起，改变了传统快消品的生态链，打造出了新型的线上线下 O2O 形式的生态链，这对店主和消费者来说，都有很大的好处，如图 2-24 所示。

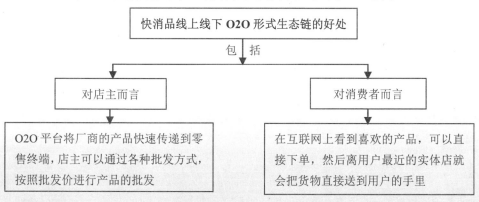

图 2-24　快消品线上线下 O2O 形式生态链的好处

2.5.3 两种 O2O 模式

近几年，O2O 模式已经由单纯的线下、线上走向了深度的融合，发展出了如图 2-25 所示的两种模式。

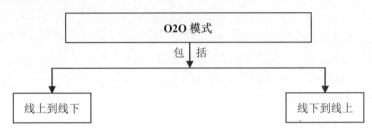

图 2-25 O2O 的两种模式

1. 线上到线下

线上到线下的 O2O 模式是指企业先在线上搭建一个平台，进行线上运营，然后通过线下将流量导入到线上，从而在线上进行交易和营销、顾客在线下体验的一种模式。

2. 线下到线上

线下到线上的 O2O 模式是指企业在线下搭建起平台并为客户提供相应的服务，然后再将线下的流量导入到线上平台，促使线下和线上形成一个 O2O 闭环。

•专家提醒

无论是线上到线下的模式，还是线下到线上的模式，企业的最终目的都是通过 O2O 渠道进行品牌营销，树立良好品牌形象，收获大量潜在客户实现盈利。

第 3 章
电商战略：互联网时代的品牌营销主战场

学前提示

互联网时代，电子商务慢慢摆脱了传统的粗放发展的模式，逐渐进入了精细化的发展阶段。在这种形势下，电商们应该如何做品牌？品牌如何在激烈的竞争中脱颖而出？本章主要探讨电商品牌的营销要素、策略和方法。

电商战略：互联网时代的品牌营销主战场

- 品牌电商的营销要素
- 电商品牌化营销策略
- 如何利用互联网提升电商品牌

3.1 品牌电商的营销要素

在互联网大潮的冲击下，传统的商业模式已经不能再继续支持中国各大品牌企业的持续发展，寻找转型之路成为各大品牌企业的首要课题。

在很多企业还在为转型之路感到头疼之际，电商行业迅速地崛起，但是对于一些品牌电商来说，想要在这激烈的竞争中占领市场，就必须懂得品牌电商的几点营销要素，如图3-1所示。

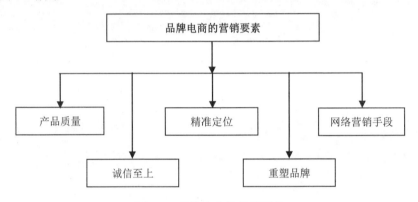

图 3-1　品牌电商的营销要素

3.1.1　产品质量

互联网品牌营销的最终目的是通过各种网络营销手段使客户形成对企业品牌和产品的认知，最终实现盈利。在品牌营销过程中，企业若想一直保持竞争优势，就必须在营销过程中构建高品位的营销理念。

任何品牌电商想要在消费者心目中树立并维持"高大上"的品牌形象，都必须要牢牢把握好一点——产品质量是能够维持企业旺盛生命力的第一要素。

比如对于医药行业而言，药品的特殊性，注定了消费者对其质量保持着很大的期望，因此对于医药类的电商品牌而言，如果药品的质量达标，那么用户对于品牌的忠诚度就会非常高。

3.1.2　诚信至上

在电商平台上，常常会出现很多卖假货、售次品的现象，这也是为什么很多企业无法做大做强的原因，品牌电商若想一直保持竞争优势，就必须脚踏实地为用户服务，不卖假货和次品，不靠华而不实的广告吹嘘炒作产品或品牌。

3.1.3 精准定位

品牌电商在营销过程中，必须要对市场和用户进行精准定位，如图 3-2 所示。

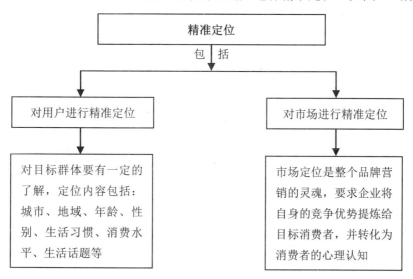

图 3-2 对市场和用户进行精准定位

3.1.4 重塑品牌

互联网的目标群体和线下的目标群体不一定是同一个群体，因此品牌电商需要根据互联网消费者特征，从品牌端和产品端进行品牌的重塑，品牌重塑的步骤如图 3-3 所示。

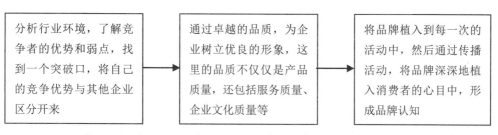

图 3-3 品牌重塑的步骤

3.1.5 网络营销手段

互联网经过这么多年的沉淀，网络营销手段越来越多，也越来越成熟，品牌电商想要做好品牌，一定要学会运用网络营销手段，增强企业的影响力。

在选择网络营销手段进行推广的时候，企业不要盲目跟风，选择适合自己的一种或几种方式就可以了。

3.2 电商品牌化营销策略

目前电商行业中大部分企业没有清晰的品牌定位，只是一味地在产品上下功夫，通过扩大产品经营范围来提高利润，而忽略了品牌的塑造。

从长远角度来看，这样的营销思维是不妥的，它只能带来短暂的业绩提升，却不能帮助企业品牌有更进一步的提升，因此，品牌电商在进行商品营销时，不要忘了通过有效的营销策略来提升品牌的价值。

3.2.1 整合并优化品牌资源

在整合、优化品牌资源中，电商企业首先要快速完善供应链的各个环节，该环节包括如图 3-4 所示部分。

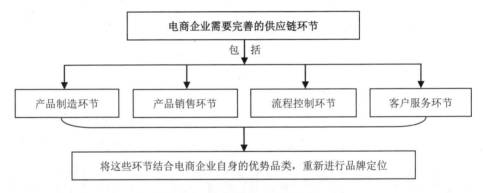

图 3-4　电商企业需要完善的供应链环节

将优势品类和供应链环节相结合重新定位品牌的目的是：让电商企业从"低价商"和"批发商"的定位中走出来，树立"高大上"的品牌形象，为将来的竞争奠定基础。

对品牌电商而言，最核心的资源就是产品和服务，因此整合优势产品和服务，让产品和服务被消费者接受才能树立起真正具有价值的品牌。

除了整合资源之外，优化网络技术资源也是树立品牌的一个重要策略，相关介绍如图 3-5 所示。

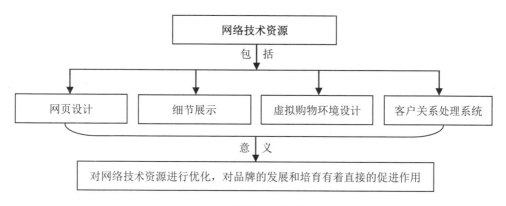

图 3-5 网络技术资源的整合

3.2.2 多角度地满足用户需求

电商企业要从如下所示的几个方面多层次、多角度地制定营销战略。

(1) 购物氛围。网上购物氛围是值得电商企业重视和开发的一个领域，良好的购物氛围能够增加客户的购买欲望，同时也能提高用户对企业品牌的认知度。

(2) 服务。服务的优劣已经成为客户评定企业商家是否优良的一大标准，好的服务能够帮助企业品牌更好地传播，服务主要表现在以下几方面。

- 产品描述；
- 客服态度；
- 页面设计的舒适度；
- 配送服务；
- 售前、售中、售后服务。

(3) 性价比层次。给顾客提供质量上乘、价格合理的高性价比产品，更有利于消费者对品牌的认知。

3.2.3 品牌包装是必不可少的环节

除了整合优化品牌资源，根据目标群体创建个性化的、鲜明的品牌形象之外，进行适当的品牌包装也是必需的，品牌包装的方式和意义如图 3-6 所示。

• 专家提醒

进行品牌包装的目的是为品牌营销的成功奠定基础，在互联网时代，有品牌才能闯出一片天地。

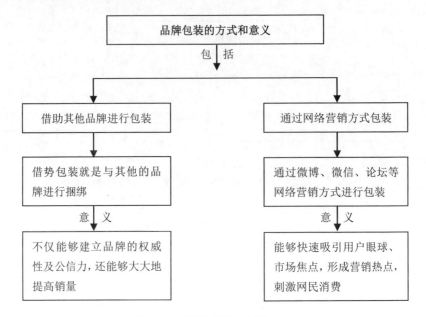

图 3-6　品牌包装的方式和意义

3.2.4　建立品牌经营团队

一个优秀的电商品牌经营团队是一个电商品牌能够运作成功的前提，而一个优秀的电商品牌经营团队首先要确保人才的储备，然后才能建立完善的品牌运作模式，同时在遇到品牌公关危机事件时，也需要能够将电商品牌危机化险为夷的人才，对品牌危机处理人才的要求如图 3-7 所示。

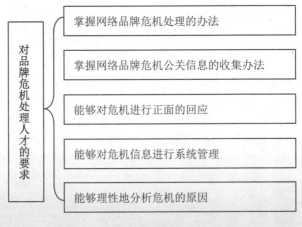

图 3-7　对品牌危机处理人才的要求

3.3　如何利用互联网提升电商品牌

2015 年对于中国电商而言意义重大，伴随着"互联网+"的战略口号响起，大众创业成为一种流行趋势，电商也成了中国青年人创业的主战场，而对于互联网电商品牌来说，如何利用互联网打造电商品牌，提升品牌的影响力，成了需要重点突破的难题之一。

3.3.1　线上线下模式相结合

作为一种新的产业主导力量，互联网以其强势的姿态融入了人们生活的各个领域，其中，电商成为当今经济领域中最为活跃的一环，通过网络进行交易已经成为一种潮流，然而目前电商却不得不面临诸多尴尬的问题。

- 网络因其独特的营销方式和庞大的市场潜力，深深吸引着传统的线下企业，如果传统线下商家不朝线上渠道进军，就很有可能被竞争对手超越过去；
- 但是对于传统的线下企业来说，线下渠道是他们的根本，在激烈竞争下，再发展线上渠道的话就有可能与自己苦心经营的线下体系产生冲突；
- 对于很多知名电商企业来说，线上渠道运营起来更加得心应手，线下渠道是短板，发展起来缓慢，也没有传统线下商家的竞争优势。

而在笔者看来，未来的电商企业发展趋势必定是线上线下相融合，对于传统线下企业来说，互联网具备如图 3-8 所示的优势。

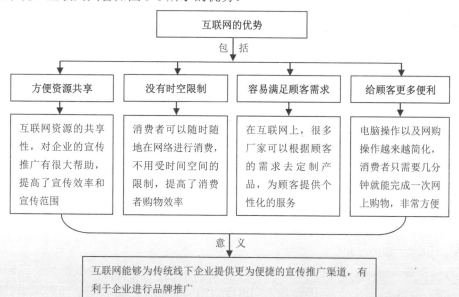

图 3-8　互联网的优势

对于知名电商企业来说，线下渠道也有其重要的优势，如图 3-9 所示。

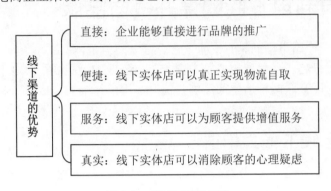

线下渠道的优势

直接：企业能够直接进行品牌的推广

便捷：线下实体店可以真正实现物流自取

服务：线下实体店可以为顾客提供增值服务

真实：线下实体店可以消除顾客的心理疑虑

图 3-9　线下渠道的优势

O2O 是新网络时代发展的必然方向，电商企业的线上线下融合也是必然趋势，电商企业想要打造出有价值的品牌，就需要在 O2O 领域不断探索和前进。

3.3.2　打造"互联网+品牌营销"

互联网不仅仅是一个营销工具和渠道，它还是一种精神，"互联网+品牌营销"的精神包括 4 方面的内涵。

- 颠覆思维；
- 转型思维；
- 融合思维；
- 人性化思维。

利用互联网精神和思维来全方位打造电商品牌，让品牌营销从物质、产品层面上升到文化、精神层面，打造出全新的品牌营销价值观念，让产品和品牌更加具有活力、人性和传播力度。

3.3.3　"互联网+品牌营销"的原则

互联网经济下，品牌营销正在发生翻天覆地的变化，打造出高知名度的品牌，是每个互联网公司都想做到的，但是，互联网时代，想要打出高知名度的电商品牌，就必须遵守如图 3-10 所示的原则。

1. 突出社会价值

在这个黄金时代，品牌营销就是一个发现价值、传递价值和收获价值的过程，因为网络时代的信息爆炸化、碎片化、加速传递的特点，让消费者与企业的沟通更加充分和便利，企业能够通过智慧数据的分析，精准地挖掘出消费者的需求和情感状态，而消费者能够通过一系列的媒体渠道了解企业的最新动向和形象塑造。

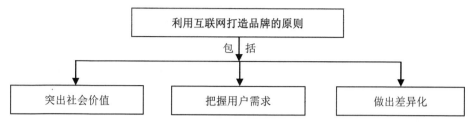

图 3-10　利用互联网打造品牌的原则

品牌营销的价值着重体现在两个方面。

(1) 满足消费者需求，包括：

● 生理需求；

● 精神需求；

● 知识需求；

● 产品功能需求。

(2) 达成企业的营销目标，包括：

● 品牌形象的传播；

● 企业营销额的提升；

● 扩大企业的影响力；

● 为社会做贡献。

品牌营销的价值呈现是通过价值被挖掘和规划之后的企业整体形象呈现出来的，如图 3-11 所示。

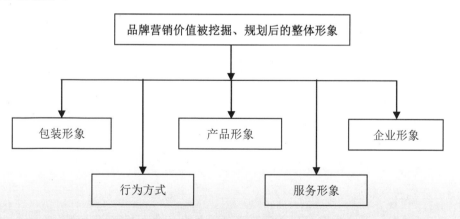

图 3-11　品牌营销价值被挖掘、规划后的整体形象

企业品牌核心价值的呈现方式，是通过一条跟目标消费者需求高度重合的传播渠道进行呈现的，这样才能准确地将企业的品牌价值传递给目标消费群。

2．把握用户需求

准确把握用户的痛点、难点，是"互联网+品牌营销"的第二大原则，用户的痛点、难点和企业产品的营销息息相关，产品的功能是否符合消费者的刚性需求，产品的内容策划是否戳中消费者心目中的"痒点"，产品广告是否独具创意，能够与其他品牌的广告立马区别开来，都是企业可以切入市场的着手点。

3．做出差异化

什么是差异化的品牌营销模式？从笔者的角度来说，就是：
- 被企业第一时间洞悉的，有潜力却还没打开市场的产品；
- 一支有凝聚力的高效率经营团队；
- 一个别出心裁的创意点子；
- 一句能够造成口碑营销的广告台词；
- 一个有差异化的商业模式。

……

想要做出差异化，或许不是一件容易的事，但是一个细微的区别，或许就能给企业品牌营销带来不可思议的效果。

3.3.4 "互联网+"时代口碑的打造

对于品牌企业来说，没有口碑就没有用户的忠诚度，没有用户的忠诚度就没有产品的销量，所以，企业想要进行互联网品牌营销，提升产品的销量，第一步就是要打造品牌的口碑，提升用户端忠诚度。

那么怎么做口碑？在笔者看来，有如图3-12所示的几个方式。

1．"极致"思维

产品对于任何企业来说，都是至关重要的，因此，企业打造口碑的第一步，就是做"极致"化的产品，"极致"化的产品怎么做？有以下几大要点。

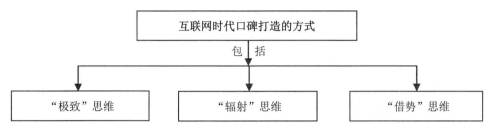

图 3-12　互联网时代口碑打造的方式

- 少："少"就是产品少，企业每年只推出几款产品，那么重心就会全部放在这几款产品上，然后才会做深、做透、做强大；
- 精："精"就是精细化，把握好产品的每个细节，做到精细化生产和管理；
- 窄：这里的"窄"不是针对产品，而是针对品牌边界定位和用户定位，一个品牌只能针对一类消费者，不能囊括全部消费者，因此企业一定要给电商品牌定一个边界；
- 快："快"是指产品更新升级要快。

2. "辐射"思维

在电商品牌口碑打造中，有什么比口口相传的营销方式更接地气的呢？口口相传的含义如图 3-13 所示。

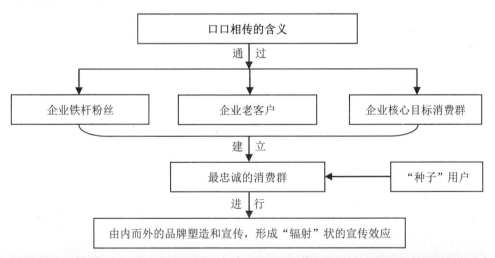

图 3-13　口口相传的含义

3. "借势"思维

粉丝从 100 人发展到 1000 人，再到 1 万人，都是小范围的扩容，但是要从 1 万人发展到 10 万人、100 万人，甚至是 1000 万人，企业要怎么做？

这个时候，企业需要借助"东风"来帮助自己打造更高层次的口碑营销。

- 借助媒体的力量：社会化媒体是一个很好的传播途径，尤其是优秀的、高质量的媒体力量，如知名的电视节目、杂志、报纸等，这些传统媒体的宣传推广能够为企业的口碑营销带来质的提升。

- 借助网络营销工具：论坛、贴吧、百度推广、微博、微信、APP 等营销工具是塑造口碑的重要手段。

- 借助有趣活动的力量：通过活动吸引用户的注意力，如抽奖、关注转发有奖等活动。

- 借助公益活动的力量：很多人认为做公益活动是一种赔本买卖，其实不然，公益活动对于企业树立品牌形象有着很大的帮助，如图 3-14 所示。

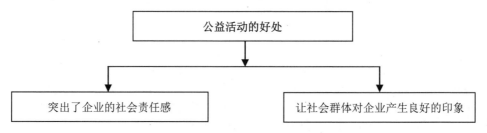

图 3-14　公益活动的好处

第4章

品牌战略：互联网时代的品牌营销新规律

学前提示　　与传统媒体和传统传播平台相比，互联网已经成为最便捷、最广泛的品牌、信息传播平台。在互联网时代，当一个企业打算打造一个品牌时，制定出色的品牌战略就成为一件非常重要的事情。本章主要探讨互联网时代的品牌定位、设计、形象塑造和传播策略。

品牌战略：互联网时代的品牌营销新规律
- 品牌定位与设计
- 品牌形象和个性塑造
- 互联网品牌传播

4.1 品牌定位与设计

在这个信息过度传播的互联网时代，企业想要树立品牌标杆，从激烈的竞争中赢得客户，就必须学会品牌定位与设计战略，用独树一帜的产品吸引用户的目光。

对品牌的定位主要展现在对产品的定位上，这里的产品已经不是简单意义上的商品，它包含以下内容。

- 商品；
- 服务；
- 组织战略；
- 网络营销工具等。

对产品的定位就是把产品植入目标消费者的脑海中，让目标消费者在脑海中形成企业品牌的某个特点，当接触到这个特点时，就会条件反射似的想到企业名称、企业发布的广告或某个与企业相关的场景。

品牌设计的作用是帮助企业的产品和服务与竞争对手区分开来，让消费者能够轻松识别出企业的产品和服务。品牌设计由多个要素构成，如图 4-1 所示。品牌设计分为品牌名称设计和品牌标志设计。

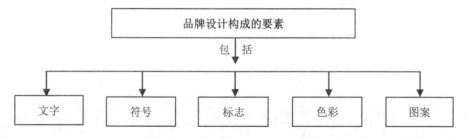

图 4-1　品牌设计构成的要素

本节为读者介绍品牌定位策略和品牌设计策略。

4.1.1 品牌定位的原则

品牌定位需要从 5 个不同的方面进行界定。

- 目标顾客：品牌要满足的潜在顾客；
- 顾客需求：企业需要明确的内容；
- 品牌特征：品牌具有的个性化特点；
- 品牌利益：提供给顾客的、能够吸引顾客的独特价值；
- 竞争力：品牌具备的独特的、具有说服力的证据。

通过以上这 5 方面来描述品牌定位，帮助消费者感受品牌的特点、提升品牌的竞争力。

品牌定位并非随心所欲，它具备一定的原则，如图 4-2 所示。

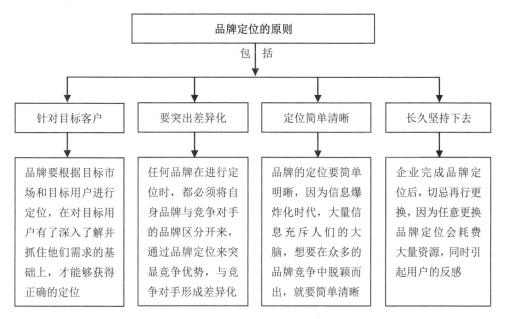

图 4-2　品牌定位的原则

·专家提醒

互联网时代，不同的商品市场竞争也越来越激烈，企业要想在竞争中取得优势，脱颖而出，品牌定位便起到了决定性的作用。

4.1.2　品牌定位的程序

众所周知，市场定位的最终目的有两点。

● 实现产品的销售；

● 为企业传播商品信息奠定基础。

企业一旦确定了市场的目标，就要积极地树立自身的产品及品牌形象，以争取目标消费者的认同，可以说，品牌定位是市场定位的核心要点。

想要实现清晰明了的品牌定位，企业就必须遵循一定的操作流程，具体内容如图 4-3 所示。

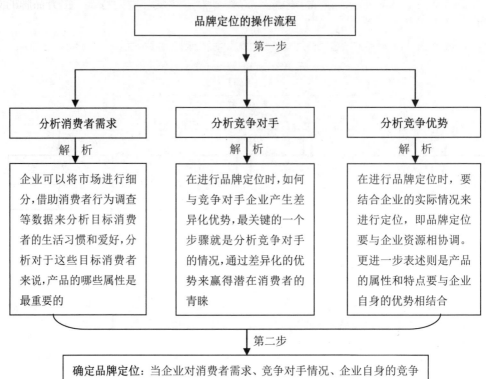

图 4-3　品牌定位的操作流程

4.1.3　两大定位策略

市面上的品牌定位策略五花八门，看起来复杂多样，但在笔者看来，品牌定位只有两大策略，如图 4-4 所示。

1) 从企业自身角度出发进行定位

从企业自身角度进行品牌定位，首先要考虑的是企业拥有的各种优势，然后将这些优势转化为消费者的利益进行宣传，企业的优势如图 4-5 所示。

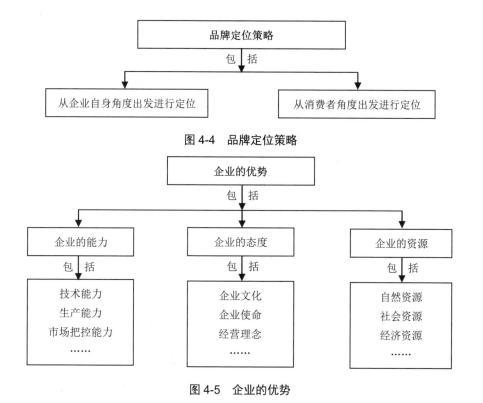

图 4-4　品牌定位策略

图 4-5　企业的优势

2) 从消费者角度出发进行定位

从消费者角度进行定位强调的是品牌能够为消费者提供什么样的价值，这种定位策略主要有如图 4-6 所示的 3 种。

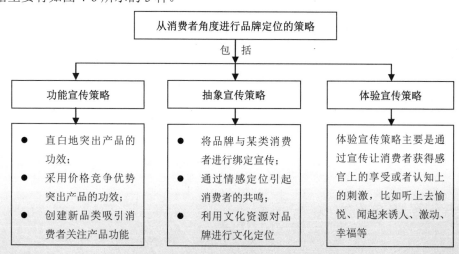

图 4-6　从消费者角度进行品牌定位的策略

51

4.1.4　品牌名称设计的意义和原则

品牌名称简称"品名"，是品牌标识中用文字表述的部分，就像人的名字一样。对于企业来说，好的品名就是一句最直接有力的广告词，它能够将品牌的核心内涵和关键要素迅速地传达给消费者。

设计出一个优秀的品名有如图 4-7 所示的意义。

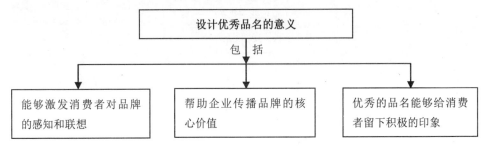

图 4-7　设计优秀品名的意义

设计品名也有一定的原则，如图 4-8 所示。

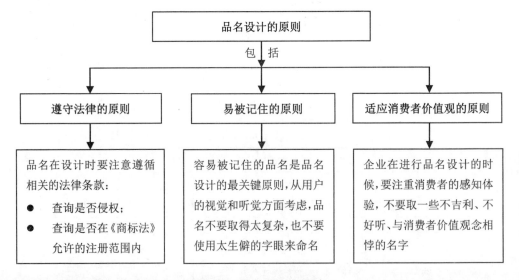

图 4-8　品名设计的原则

4.1.5　品牌名称的发音

从发音层面上来说，品名设计最好符合如图 4-9 所示的要求。

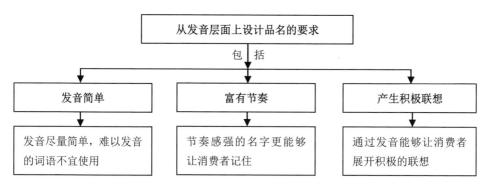

图4-9　从发音层面上设计品名的要求

4.2　品牌形象和个性塑造

品牌形象对于品牌来说至关重要，良好的品牌形象能帮助企业实现增强差异化竞争优势、促进消费、形成忠实顾客群等目的。品牌形象塑造是一项长期而艰巨的任务，它需要按照一定的原则和途径进行全方位地塑造。

品牌个性就像人的个性一样，每个人都有其独立的个性，那么品牌也有自己独立的个性，没有个性的品牌就像一具没有灵魂的躯壳。

本节主要为读者介绍品牌形象和品牌个性的塑造。

4.2.1　品牌形象塑造的原则

品牌形象一直是品牌设计中的重要组成部分，如何塑造一个积极、健康、优秀的品牌形象是企业需要着重思考的问题，品牌形象的塑造有一定的原则，如图 4-10 所示。

品牌形象的塑造要从如图 4-11 所示的几个方面展开。

4.2.2　品牌个性塑造注意事项和问题

鲜明、独特的品牌个性能够提升企业的竞争优势，帮助企业不被竞争者模仿，是企业品牌建设环节中最重要的内容之一。

品牌个性是指品牌向外展示的个性，它具有人格魅力，能与消费者进行情感方面的交流，它在简单的产品功能价值上，赋予了更深层次的情感价值，它是人们的情感寄托，当消费者感受到品牌个性的魅力之后，由于情感需求得到了满足，对品牌的依恋就会越来越深。

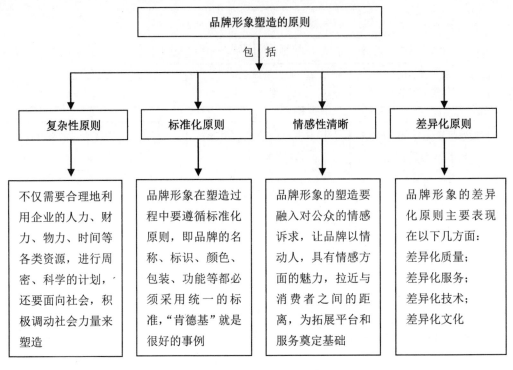

图 4-10　品牌形象塑造的原则

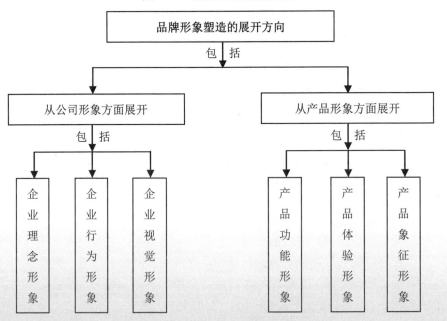

图 4-11　品牌形象塑造的展开方向

品牌个性的塑造过程中有以下几点注意事项。

- 企业要深刻了解品牌个性，才有利于品牌个性的塑造；
- 品牌个性的塑造，首先必须考虑品牌的核心价值是什么，一切要从企业的核心价值出发；
- 考虑品牌的定位并了解消费者需求；
- 品牌个性的塑造要满足目标消费者的需求；
- 品牌个性必须是积极的、正面的，能够在精神层面满足消费者的需求；
- 品牌个性要根据目标市场进行相应的改变；
- 企业要不断地维护和管理品牌个性，使品牌个性深入消费者的内心。

品牌个性塑造是一门艺术，企业在塑造品牌个性的过程中，还要注意实用性，不是所有有创意的品牌个性方案都适合运用在品牌个性的塑造上，笔者列举几点企业在品牌个性塑造过程中容易遇到问题，如图 4-12 所示。

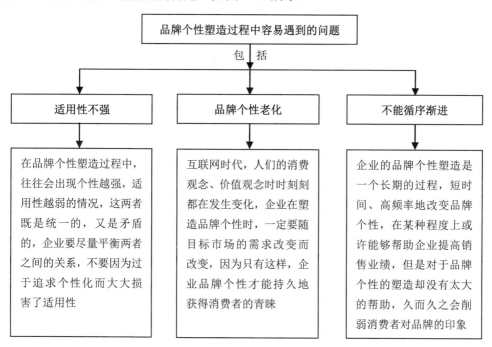

图 4-12　品牌个性塑造过程中容易遇到的问题

4.3　互联网品牌传播

互联网品牌传播是指企业通过向消费者传递品牌的信息，从而获得消费者的认可，并最终形成对品牌的认知的过程。

为了提高品牌在消费者心目中的认知度，企业可以采取以下的品牌传播策略。

- 广告传播策略；
- 新闻报道策略；
- 事件传播策略；
- 植入式传播策略；
- 体验式传播策略
- APP 传播策略；
- 游戏传播策略；
- 微信朋友圈传播策略；
- 微博传播策略。

本节主要为读者介绍互联网品牌传播的要素、步骤和策略。

4.3.1 品牌传播的主要要素

品牌传播过程中，主要包含如图 4-13 所示的几大要素。

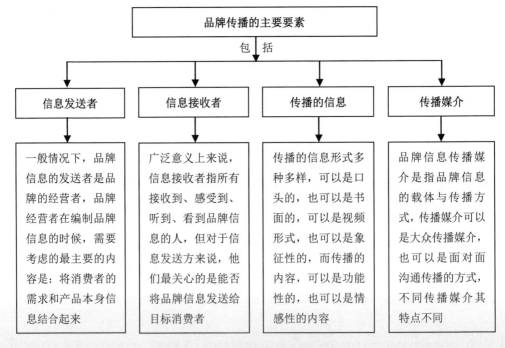

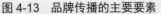

图 4-13 品牌传播的主要要素

4.3.2 品牌传播的步骤

品牌传播一般具有如图 4-14 所示的几大步骤。

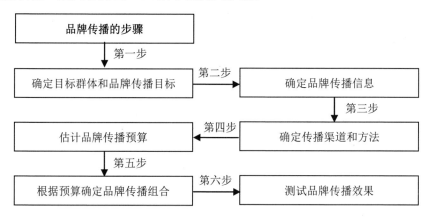

图 4-14 品牌传播的步骤

1) 确定目标群体和品牌传播目标

目标群体可以是潜在消费者、已经购买产品的用户、影响购买决策的个人、组织或团体等。有了明确的目标群体，企业才能进行精准的传播和营销。

品牌传播目标是指企业想通过品牌传播达到的目的，例如：

● 影响购买者的购物行为；

● 提升产品的购买需求；

● 提升品牌的知名度；

● 改变消费者对品牌的认知度等。

2) 确定品牌传播信息

确定品牌传播信息需要解决如图 4-15 所示的几方面问题。

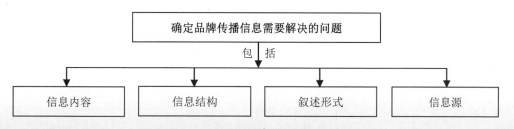

图 4-15 确定品牌传播信息需要解决的问题

信息内容就是指品牌传播的内容，内容的确定建立在满足消费者需求的基础上；信息结构是指信息的逻辑顺序，如果一段信息中有好几个想要表达的点，那么在设计信息结构的时候，就需要确定如何安排好这些点的顺序；叙述形式主要是指通过什么方式将品牌信息阐述出来；信息源是指通过谁将信息传播出去，在现实生活中，常常通过名人作为品牌代言人将品牌信息传播出去。

3）确定传播渠道和方法

确定好目标受众、品牌传播目标、传播信息之后，就要确定传播的渠道和方法，品牌传播的渠道和方法有多种，如图4-16所示。

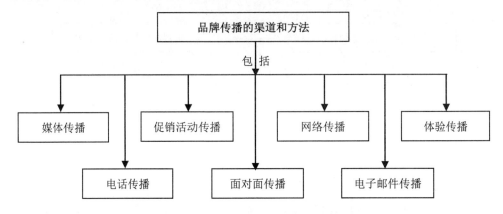

图4-16　品牌传播的渠道和方法

4）估计品牌传播预算

企业确定好传播渠道和方法后，就要对传播的预算进行统筹，预算方法多种多样，可以根据企业预测的未来收入进行传播预算，也可以根据企业的承受能力和对竞争对手的评估进行预算，不同的预算方法有不同的优缺点，企业要根据自身情况慎重选择。

5）根据预算确定品牌传播组合

确定好预算后，就可以根据预算确定品牌传播组合，不同的企业，对于传播组合的选择也不同，而互联网的发展也为企业传播组合提供了更多的便利。

6）测试品牌传播效果

测试品牌传播效果是品牌传播的最后一个步骤，其作用主要有如下两点。

● 　通过传播前和传播后的销售效果，对传播效果进行衡量；

● 　为下一次传播活动提供反馈信息。

4.3.3　简析五大品牌传播策略

在前面提到，品牌传播策略多种多样，有广告、新闻报道、事件传播等，下面主要介绍如图4-17所示的5种传播策略。

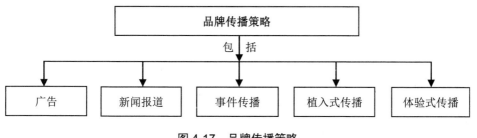

图 4-17 品牌传播策略

1) 广告

广告是指企业通过一定的媒体，向大众传播品牌信息的一种行为，广告的特点、传播的品牌内容以及传播意义如图 4-18 所示。

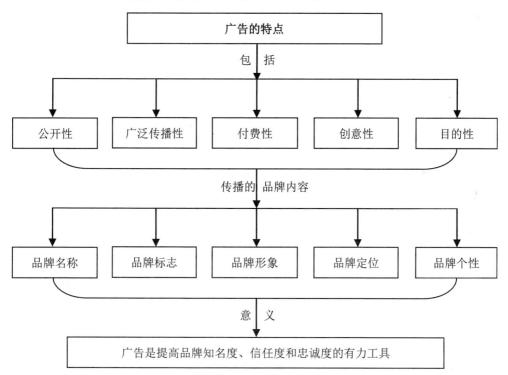

图 4-18 广告的特点和传播的品牌内容

2) 新闻报道

新闻报道传播策略是指企业将企业内、外部的新闻通过大众媒体、新媒体等渠道传播给目标群体的一种方式，这种传播策略有如图 4-19 所示的特点。

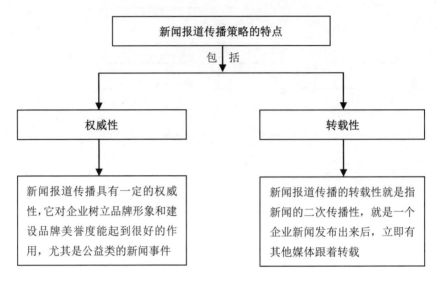

图 4-19　新闻报道传播策略的特点

3）事件传播

事件传播是指企业对某一"热点"事件或者具有影响力的事件进行宣传策划、组织报道，吸引社会公众关注以提升企业知名度、塑造良好品牌形象从而促进产品销售的传播策略。

4）植入式传播

植入式传播是指将产品品牌及其具有代表性的视听符号融入媒介中的一种传播方式，以此提升品牌的知名度，达到营销的目的。植入式传播策略可以运用到如图 4-20 所示的媒介中。

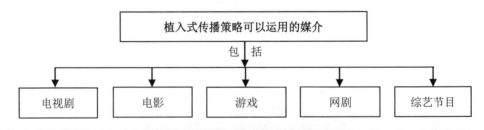

图 4-20　植入式传播策略可以运用的媒介

5）体验式传播

互联网时代，随着消费者需求日趋个性化、多样化，随着消费者消费观念的改变，体验式传播策略在品牌传播中的作用日趋凸显。

　　体验式传播是指企业在营销活动中通过某些刺激，从而获得消费者响应的一种传播方式，体验式传播主要涉及两方面因素，如图 4-21 所示。

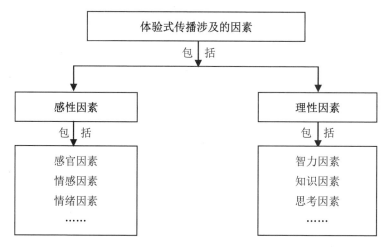

图 4-21　体验式传播涉及的因素

第 5 章

产品战略：为企业品牌带来持久的竞争力

学前提示

随着互联网思维的深入发展，产品战略渐渐成为互联网品牌营销的又一大入口，传统企业的产品在开发、策略、规划等方面也渐渐适应互联网产品思维，慢慢朝单品策略进发，本章主要探讨互联网时代的品牌产品延伸和策略。

品牌产品的延伸

品牌产品的打造

产品战略：为企业品牌带来持久的竞争力

品牌产品定价模式

品牌产品定价策略

互联网品牌产品战略

5.1 品牌产品的延伸

互联网品牌产品战略是指企业通过符合市场需求、具有竞争力的产品去赢得目标用户群,从而获得经济效益的一种互联网品牌营销方式。

品牌产品延伸是一种品牌利用自身的优势,不断推出一些新产品的策略方针,20世纪初,品牌延伸策略就已经在很多品牌中得到了广泛的应用。

5.1.1 品牌产品延伸的动机

每一个成功的品牌都有其独特的优势,品牌作为企业最重要的一个资源,应该物尽其用,发挥出最大的经济效益。

品牌产品延伸就是利用品牌的优势为新产品的推出提升消费者的心理接受能力,使新产品能够在市场上打开局面,促进销售,并提升品牌的影响力。

品牌产品延伸能够得到广泛应用,主要有如图 5-1 所示的原因。

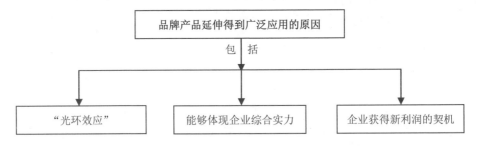

图 5-1 品牌产品延伸得到广泛应用的原因

1)"光环效应"

对消费者来说,品牌产品延伸符合"光环效应"的原理,什么是"光环效应"?"光环效应"是指当消费者使用某个产品获得满意的效果后,便会对该品牌形成良好的印象,然后以此推论该品牌的其他产品也很好,从而影响其消费行为;如果消费者使用某个产品后获得不满意的效果,便会对该品牌形成不好的印象,然后以此推论该品牌的其他产品也不好,从而影响其消费行为。

  •专家提醒

"光环效应"会影响到消费者对延伸产品优劣好坏的判断,因此,品牌在制订产品延伸策略时,要注意首先营造良好的产品口碑,再制订产品延伸策略会比较好。

2) 能够体现企业综合实力

企业发展都会经历 3 个阶段，如图 5-2 所示。

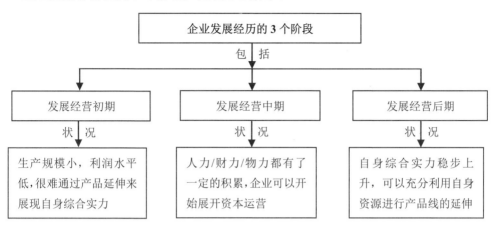

图 5-2 企业发展经历的 3 个阶段

当企业发展到后期之后，实力不断壮大，企业能够主动地扩大产品线、控制上游企业或向下游发展，因此，品牌产品延伸也是企业综合实力的一种体现。

3) 获得新利润的契机

这个世界，社会在变，市场也在变，随着互联网、移动互联网等技术的诞生，创新成为品牌不得不面对的一个问题，而且当品牌发展到一定的高度时，原有的产品模式和利益模式都会跟着发生改变，尤其是当这个行业的市场总量达到饱和时，孕育新的利益增长点就成为该企业的首要之事，于是，品牌延伸就这样不知不觉地诞生了。

5.1.2 品牌产品延伸的优势

品牌产品的延伸具备如图 5-3 所示的优势。

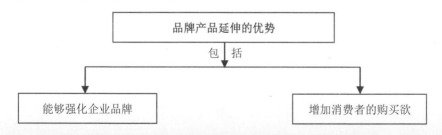

图 5-3 品牌产品延伸的优势

1) 能够强化企业品牌

最初，品牌的产品通常都是单一的，但是通过品牌产品的延伸，能够让品牌产品从单一化向多元化的方向发展，重塑消费者对品牌的认知，强化品牌的荣誉度和知名度，让品牌在无形中得到升值。

2）增加消费者的购买欲

企业进行品牌产品延伸，开发出新产品，能够给消费者带来新鲜感，增加消费者的购买欲望。

5.1.3　品牌产品延伸的劣势

品牌产品延伸的劣势有如图 5-4 所示的两点。

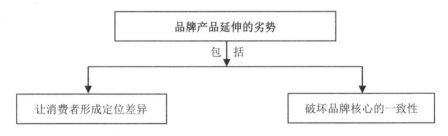

图 5-4　品牌产品延伸的劣势

1）让消费者形成定位差异

一个品牌产品在进行市场运营的过程中，必将产品的功用、质量等特性在营销的过程中传达给消费者，从而在消费者心目中形成特定的产品定位，如果将品牌延伸到其他产品领域中，就很有可能让消费者形成产品定位差异。

2）破坏品牌核心的一致性

在品牌产品延伸中，由于多样化的产品诞生，很有可能破坏品牌核心价值的一致性，从而降低品牌在市场上的影响力。

5.2　品牌产品的打造

随着互联网技术的发展，传统的品牌产品战略受到了极大的挑战，新品推出受阻、没有极致的大单品做支撑，企业很难实现进一步的盈利目的，为了打造出新的吸人眼球的产品，企业一方面要打造符合市场需求的极致大单品，扩大企业品牌的影响力，加速用户对品牌的认知度；另一方面要利用互联网思维为产品寻找卖点，刺激消费者对产品进行消费。

5.2.1　大单品的打造

互联网时代，打造大单品已经成为一种全新的策略，它能够帮助品牌企业快速抢占市场，打破原有格局，提升企业效率，促进传播和销售。打造品牌企业大单品有如图 5-5 所示的两点策略。

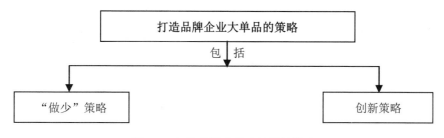

图 5-5　打造品牌企业大单品的策略

1) "做少"策略

在前面章节中，阐述口碑打造的策略时，提到过"极致"思维，其中就包含"产品做少"策略。"做少"策略是一种聚焦思维，从产品定位的角度来看，"做少，就是做精，做精，才能做好"。

"做少"策略包含两方面的内容，一方面是聚焦品类，一方面是聚焦产品，如图 5-6 所示。

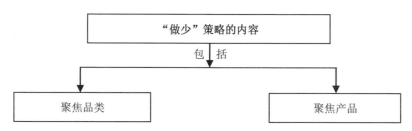

图 5-6　"做少"策略的内容

(1) 聚焦品类：聚焦品类就是确定品牌的业务范围，企业专注于某一类业务，就不会盲目跟风，才能打造出专属的品类产品。

(2) 聚焦产品：有竞争力的产品是品牌企业能够持续经营的基础，企业想要在互联网化时代占有一席之地，就必须打造核心产品，通过核心产品在消费者心目中树立强大的品牌形象。

2) 创新策略

在这个信息交错、产品迭代更新非常迅速的互联网时代，"原创""创新"成为品牌发展的新战略、新目标，这里的原创、创新内容不仅仅指代企业生产开发的消费产品，还指代如图 5-7 所示的内容。

原创和创新力可以让小公司成为大企业，可以让大企业成为著名品牌企业，不论是产品还是广告或者其他的创意内容，都能为企业带来不可预估的利益。

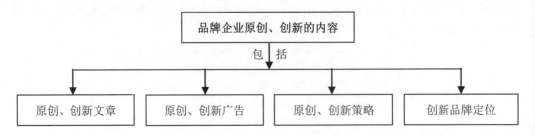

图 5-7　品牌企业原创、创新的内容

5.2.2　制造产品卖点

消费者为什么没有消费某企业的产品？其实就是欠缺一个理由，这个理由综合来说，就是产品的卖点。卖点其实就是消费者最直白的需求表达，即，消费者能够从产品的卖点中找到或者开发出自己的消费需求，从而产生购买行为。而且一个好的卖点，能够为企业带来诸多的"增值价值"，例如依靠卖点创造口碑营销，让产品在消费群体中口口相传，即使不能全面提升产品的销量，也能增加品牌的影响力，树立品牌形象。制造产品卖点的策略很多，笔者着重介绍两种，如图 5-8 所示。

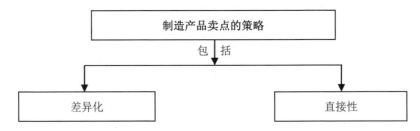

图 5-8　制造产品卖点的策略

1）差异化

差异化是相对于竞争对手而言的一种独有的特征，可以是功能上的，也可以是精神上的，品牌企业在制造产品卖点的时候，要建立独树一帜的产品特点，例如"王老吉"，用"预防上火"这个卖点成功地打开了市场，并且将"预防上火"这一特点套用到各种能够引起上火的场景中，突出了其产品强大的功能性特征，为消费者提供了很好的消费理由。

由于差异化能够为企业和市场提供具有独特利益的产品，所以它带来的利益有两方面，如图 5-9 所示。

2）直接性

品牌企业在宣传产品的卖点时，不要拐弯抹角、遮遮掩掩，不然消费者怎么认知这个产品，如果不能认知产品，也就无法认知品牌，互联网时代的品牌企业打造产品卖点的思路就是要直接、直白，让消费者快速对产品产生诉求就是成功的卖点打造策略。

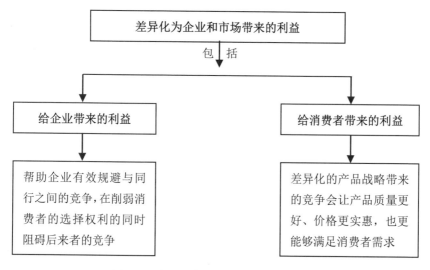

图 5-9　差异化为企业和市场带来的利益

5.3　品牌产品定价模式

相对于传统营销来说，互联网时代的定价思维和定价策略发生了哪些变化呢？本节主要为读者介绍以下两种定价模式。

- 生态链定价模式；
- 电商定价模式。

5.3.1　生态链定价模式

什么是生态链定价模式？生态链定价模式就是将产品、延伸产品、其他产品等相关联的东西形成一种完整的生态链模式，就拿小米手机打比方。

小米公司在运营过程中，旨在打造"连接一切"的大型硬件生态系统。众所周知，小米的核心产品是手机、电视和路由器，拿小米手机打比，小米手机的定价可以说是颠覆行业规则的，它使用的软件和硬件设施都是行业一流的，但是价格却只有相同级别手机的几分之一，小米这种颠覆式价格成功的秘诀有如图 5-10 所示的几点。

那么，小米的生态链定价模式是怎么实现的呢？就是基础产品，如手机少赚钱，但是可以通过这些基础产品来积累客户，为后期延伸出来的其他产品，如家装、装饰等产品的销售打下基础。

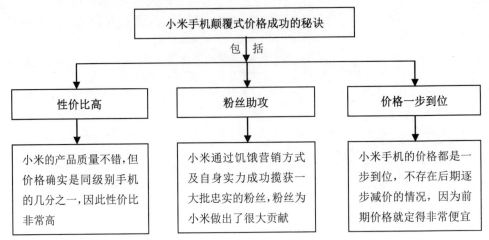

图 5-10   小米手机颠覆式价格成功的秘诀

5.3.2   电商定价模式

互联网时代，电商的本质就是流量消费，什么是流量消费？就是通过流量来销售，获得盈利。例如，电商往往会推出一款"爆款"产品，爆款产品通常具备物美价廉的特点，以此来聚集人气、吸引人流，有了流量就意味着有了商机，也可以带动其他产品的销售。现在很多品牌都会在网上推出一些特价产品，以此来吸引用户的注意，后期再考虑转化率和重复购买率，就容易成功。这就是互联网时代的电商定价模式。

5.4   品牌产品定价策略

互联网时代的品牌产品定价有其相应的策略，比起传统的循规蹈矩的定价策略，互联网时代的品牌产品定价策略让人耳目一新，如图 5-11 所示。

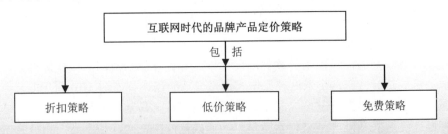

图 5-11   互联网时代的品牌产品定价策略

下面为大家介绍这几种定价策略。

5.4.1　折扣策略

　　传统商场往往是在周末或者节假日的时候才会采取折扣策略销售产品，而互联网时代，因为电商的兴起，打破了这一局限，同样的产品在线下可以卖出高价，但是在线上，高价产品是很难卖出销量的，互联网时代，价格战略是非常重要的，线下高价，线上高折扣，是互联网时代的一大新型定价模式。

5.4.2　低价策略

　　前面介绍的"电商定价模式"中提到过的通过"爆款"来吸引人气这一理论和低价策略有异曲同工之妙，低价策略的本质就是通过很低的价格打造出一款或者两款"爆款"产品，来吸引人流，提升电商品牌的知名度和关注度，而且在盈利模式上，品牌商可以通过将爆款产品和盈利产品进行组合销售的模式盈利。

5.4.3　免费策略

　　"天下没有免费的午餐"这句格言同样可以适用在互联网品牌营销中，免费策略其实是一个幌子，和低价策略的目的性一致，就是吸引人气，为后期的营销打下基础，免费策略最大的亮点在于"免费"二字，它既符合消费者的消费心理，又能吸引用户形成消费习惯，为后续的增值服务、广告赞助等盈利模式打下基础。

5.5　互联网品牌产品战略

　　互联网时代，想要保持业绩的增长、提升品牌影响力，就必须不断地进行产品创新和改进，产品创新和改进不一定是颠覆性的，可以包括很多方面，如图 5-12 所示。

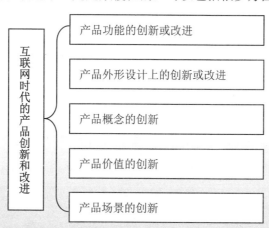

图 5-12　互联网时代的产品创新和改进

任何一个能够满足消费者诉求的点，都是一次创新，品牌企业想要促进业绩高速增长，就必须注重产品战略，本节为读者介绍如图 5-13 所示的产品战略。

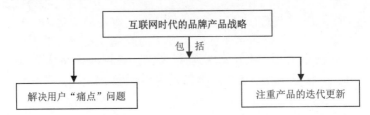

图 5-13　互联网时代的品牌产品战略

5.5.1　解决用户"痛点"问题

互联网时代，用户任何一个"痛点"问题都能被放得无限大，商家抓住一个"痛点"，就是一次商机，从一个微小的地方找到切入口，创造出既能够解决用户痛点，又能给用户带来刺激的产品，就是一次很成功的产品战略。

用产品打动消费者比用产品说服消费者要有价值得多，品牌企业可以开始尝试这种全新的产品战略，将大的、全面的产品战略放一边，着重钻研小的、精准的产品战略，从微小的细节入手，实现品牌价值的重塑、创新和传递。

5.5.2　注重产品的迭代更新

从微小的细节方面解决用户的"痛点"问题是产品的突破口，但是单靠这个战略还不足以支撑企业的可持续发展。品牌企业想要实现可持续发展，就必须注重产品的迭代更新，单靠一个产品或品类是无法支撑企业的长期发展的，如果企业有了一款极致的产品，形成了固定粉丝圈，那么以后推出新产品就会一路顺畅了。

产品的更新方式分为两种，如图 5-14 所示。

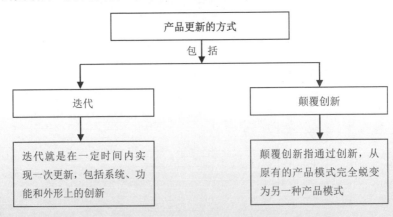

图 5-14　产品更新的方式

第 6 章

百度推广：简单便捷提升企业
知名度

学前
提示

　　企业想要拓展新客户、提升网站传播度，提升企业品牌
的影响力、让产品营销更有效率，可以尝试百度推广这一重
要平台，本章主要从推广方式和推广步骤方面探讨百度推广
对企业品牌营销的作用和影响。

先行了解

营销策略

百度推广：简单
便捷提升企业知
名度

营销步骤

案例分析

6.1 先行了解

企业在进行互联网品牌营销时，可以利用中国最大的搜索引擎——"百度推广"进行品牌传播，提升企业的知名度。百度推广的首页如图 6-1 所示。

图 6-1　百度推广的首页

百度推广是由百度公司推出的一项服务，其具体作用和原理如图 6-2 所示。

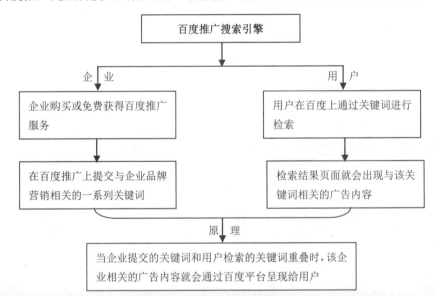

图 6-2　百度推广的作用和原理

百度推广进行品牌营销的价值核心在于关键词检索，企业广告内容的呈现建立在特定关键词检索的基础上，只要是入驻百度推广的企业，其内容就会出现在搜索结果页面的显著位置。如企业商家在百度推广提交"沙发"这个关键词，当消费者在互联网上搜索"沙发"的信息时，购买百度推广的商家就会优先被找到，其信息下方会出现"推广"的字样，如图6-3所示。

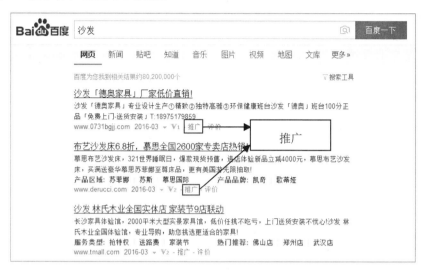

图 6-3　企业提交"沙发"百度推广

在企业进行互联网品牌营销时，百度推广因其优势成为一个很好的网络营销工具，本节主要为读者介绍百度推广在互联网品牌营销中的几点优势。

6.1.1　用户基数大

百度是中国使用量最大的中文搜索引擎，"有问题，找度娘"已经成为人们在日常生活中遇到难题时的口头禅，由此也可以看出百度已经深深地嵌入了人们的生活中，它庞大的信息量让人们无法忽视它的存在，据数据显示，百度每天响应超过 60 亿次的搜索请求，占据 90%中国搜索引擎市场份额。

可以说，百度是中国网民最常使用的中文搜索引擎，而看到这么庞大的用户基数，又有几个企业能够不动心呢？只要企业在百度注册与产品相关的关键词后，就会被主动查找这些产品的潜在客户找到，因此通过百度推广进行互联网品牌营销，就好比将商铺开在人流量庞大的城市中心地段。

6.1.2　有针对性

关键词的类型很多，从运用范围上来分，可以分为两类，如图6-4所示。

在百度推广上，企业如果想针对特定人群或目标用户进行推广，就可以选定使用范围狭窄的、有针对性的关键词，这些针对性的关键词如图6-5所示。

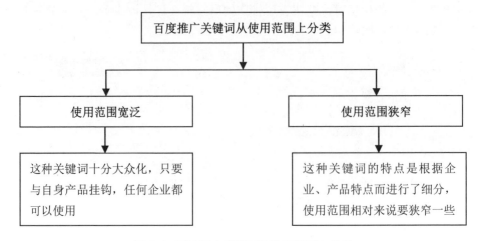

图 6-4　百度推广关键词从使用范围上分类

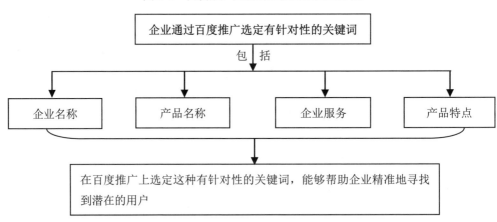

图 6-5　企业通过百度推广选定有针对性的关键词

有针对性的关键词能够让用户在第一时间找到该企业的网站，也能够帮助企业在第一时间获得精准的潜在客户，从而促进互联网品牌营销，提高交易率。

6.1.3　关键词无限制

百度推广做品牌营销的时候，还有一个好处，就是企业能够同时选定多个关键词，因为百度在关键词的数量方面没有限制，所以企业如果想让品牌营销的效果更好一些，想让企业的每一种产品、服务，尽可能地被潜在客户发现，就可以选择与品牌、服务相关的多个关键词进行推广。

6.2 营销策略

互联网时代，网络营销几乎是每个企业进行互联网品牌营销的必经之路，很多传统企业向互联网迈进时，都必须走网络营销这一条路，而百度作为中国最大的搜索引擎，也绝对不会放过网络营销这块大蛋糕，因此百度适时推出一系列的平台，帮助企业进行品牌营销推广，并从中获利。目前，百度推广方式包括如图 6-6 所示的 3 种。

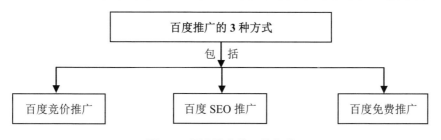

图 6-6 百度推广的 3 种方式

下面为读者详细介绍这 3 种推广方式。

6.2.1 百度竞价做品牌营销推广

什么是百度竞价推广？百度竞价推广是指企业通过关键词的形式在百度搜索引擎平台上作推广，然后按照效果进行付费，它是一种有收费模式的搜索引擎服务。

为了在互联网的市场份额中占有一席之地，很多企业在打造自身品牌时，都会选择做百度竞价营销推广，但是也不是任何企业想做就能做好的，还需要注意如图 6-7 所示的几点技巧。

• 专 家 提 醒

百度竞价推广是一个高效的推广方式，同时企业在搜索引擎中排名的高低取决于企业给出的价格。

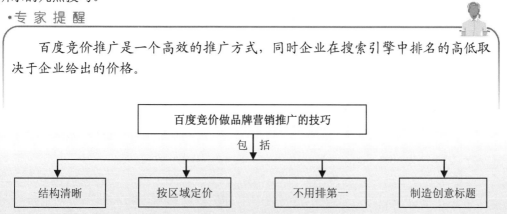

图 6-7 百度竞价做品牌营销推广的技巧

1) 结构清晰

互联网品牌营销需要讲究策略，根据不同的推广目标来制订不同的推广计划，然后将计划进行分类管理，或者建立一系列的推广单元，将推广单元分类管理之后，能够有效提高关键词的质量。

2) 按区域定价

在不同地区进行百度竞价推广，根据竞争程度不同，关键词的价格也不同，即同一个关键词在不同地区的竞争价格有高有低，因此企业可以根据不同的城市设置不同的价格维度和推广计划。

3) 不用排第一

企业在利用百度竞价做品牌营销推广的时候，往往容易产生这样的误会：排名越靠前越好，最好排第一。但事实上，并非排名第一就是最好，虽然排名第一能够获得更多点击率，但是误点击率也会大大增加，所以企业需要衡量效果和费用之间的关系，有时候排在第三、第四的位置也是不错的，因为消费者的习惯决定了他们喜欢将多个网站进行对比，因此会习惯性地点开下面的网站。

4) 制造创意标题

在做百度竞价品牌营销推广时，除了前面讲到的一些技巧，还要注重标题的创意性，一个枯燥无味、缺乏创意的标题往往不太能够吸引用户产生点击行为。标题撰写其实也有一定的技巧，如下所示。

- 添加具有号召力的词语；
- 用折扣吸引顾客；
- 不能过于夸张化，要让客户没有任何怀疑心理；
- 使用通俗易懂的语言；
- 不要太长，影响用户阅读的感受。

•专家提醒

正确利用百度竞价进行品牌营销推广，最大的优势在于能够让潜在客户主动找上门，为之后高效地盈利打下基础。

6.2.2　百度 SEO 做品牌营销推广

百度 SEO(Search Engine Optimization，搜索引擎优化)是指通过长期总结出来的搜索引擎收录和排名规则，对网站内部调整优化及站外优化，使网站容易被搜索引擎收录，不需花费很多成本，就能够提高关键词排名，从而实现精准的品牌营销推广的方法。

百度 SEO 优化的内容主要包括内部优化和外部优化，相关内容如图 6-8 所示。

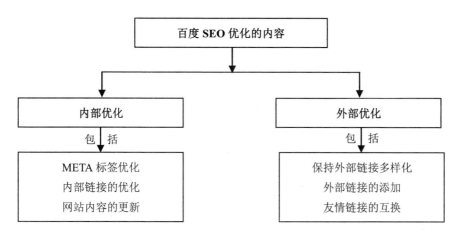

图 6-8　百度 SEO 优化的内容

SEO 优化大体分为 8 个步骤，如下所示。

- 关键词定位：包括关键词关注量分析、竞争对手分析、关键词与网站相关性分析、关键词布置、关键词排名预测等；
- 网站架构分析：包括去除不良设计、实现树状目录结构等；
- 网站目录和页面优化；
- 内容和链接布置：有规律性地进行内容更新，合理地布置链接；
- 向各搜索引擎登录入口提交尚未收录的站点；
- 根据自己的网站结构，制作网站地图；
- 建立高质量的友情链接；
- 进行网站流量分析。

利用百度 SEO 做品牌营销推广具备如图 6-9 所示的优点。

6.2.3　百度免费做品牌营销推广

百度之所以声势如此浩大，全靠它全心全意为网民服务、细致入微地照顾网民的情绪与需要。在企业运用网络营销工具进行品牌营销时，百度不仅为企业提供了有效的付费推广，还提供了很多可以免费做推广的平台，充分给企业创造出了零基础的推广舞台，下面为读者介绍几大免费推广平台。

1) 百度百科

百度百科是百度公司推出的一个网络百科全书平台，它向所有人开放了一个免费获取知识的途径，通过百度百科，用户可以参与词条编辑，将自己了解的知识贡献出来，百度百科强大的内容生产力，为网民提供了权威、可信的知识。

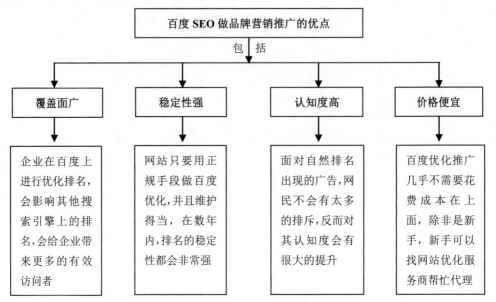

图 6-9　百度 SEO 做品牌营销推广的优点

企业可以通过百度百科进行品牌的推广。下面笔者就展示一下百度百科的操作步骤。

步骤01　进入官网：在百度搜索栏中输入"百度百科"，找到"百度百科 全球最大中文百科全书"官网，单击进入，如图 6-10 所示。

图 6-10　单击进入百度百科官网

步骤02　登录/注册百度账号：如果没有百度账号，单击右上角的"注册"按钮，如图 6-11 所示，按照百度百科给出的步骤进行注册。

如果已经有百度账号，就不需要重新注册，直接点击"登录"按钮即可。

图 6-11　单击"注册"按钮进行注册

步骤 03　搜索关键词：登录之后，在搜索栏中输入企业要放置的关键词，如在搜索栏上输入"会声会影 X6 从入门到精通(第 2 版)"后，再单击"搜索词条"按钮，如图 6-12 所示。

图 6-12　单击"搜索词条"按钮

步骤 04　选择创建词条：完成操作后，会出现两种情况。

● 百度百科没有收录到该词条，需要自行创建，单击"我来创建"按钮，如图 6-13 所示。下面主要介绍创建词条的步骤。

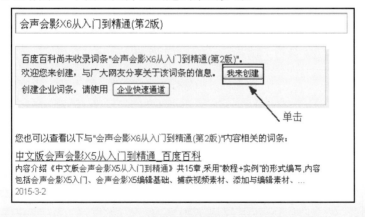

图 6-13　单击"我来创建"按钮

● 百度百科中已经收录了该词条，单击"编辑"按钮，如图 6-14 所示，可在原有词条的基础上改善词条。

图 6-14 单击"编辑"按钮

步骤05 选择词条模块:单击"我来创建"之后,进入"编辑词条模块"页面,找到相应模块,单击"确定"按钮,如图 6-15 所示。

图 6-15 单击"确定"按钮

步骤06 编辑概述模块:执行操作后,在"概述"模块上填写词条的主要内容和关键信息,还可以放置有关图片,如图 6-16 所示。

图 6-16 填写词条相关信息

步骤07 编辑基本信息模块:填写完词条相关信息后,接下来填写基本信息栏,单击"添加自定义项"按钮可自行添加创建新的子栏目,如图 6-17 所示,没有填写的子栏目将不会出现在完善好的词条上。

图 6-17　编辑基本信息模块

步骤 08　编辑正文模块：在正文模块处创建目录，单击"目录"按钮，会跳出选项框，单击"应用"按钮，如图 6-18 所示，就会出现一级目录，然后在目录下面填写相应的正文。

图 6-18　单击"目录""应用"按钮

步骤 09　放置参考资料：执行操作后，想要通过审核，还需要单击"添加新参考资料"按钮，帮助指出该部分内容的来源、出处，从而确保这段内容的客观真实性，然后单击"确定"按钮，如图 6-19 所示。

执行操作后，单击"插入到正文"按钮，把资料插入合适的地方，再单击鼠标左键，会出现一个"引"字，表示插入成功，如图 6-20 所示，而单击鼠标右键则可取消插入。

步骤 10　设置内链：在词条中设置内链，可以连接百度百科里面的文章，如网友在其他文章上点击了内链的关键词，那么很可能连接到自己词条中。

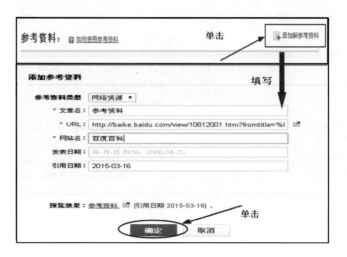

图 6-19　添加参考资料

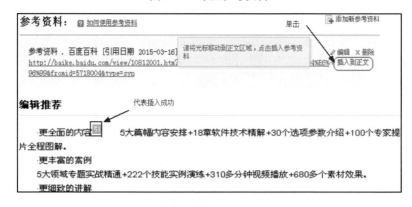

图 6-20　把参考资料引入文中

　　具体操作方法是：按住鼠标左键，将要连接的词用蓝色覆盖区覆盖，单击"内链"按钮，就设置完成了，如图 6-21 所示。

步骤11　等待审核：执行以上的操作后，单击"提交"按钮，等待审核，图 6-22所示。

•专 家 提 醒

　　通过百度百科进行品牌营销，既可以树立专业的、良好的公共形象，又可以增大传播机会。

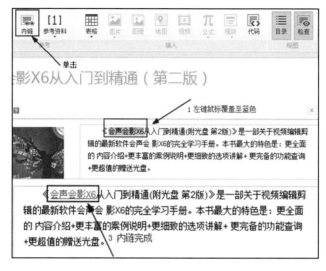

图 6-21　设置内链

图 6-22　单击"提交"按钮等待审核

2）百度知道

百度知道是一个互动型知识问答分享平台，在该平台上，用户可以针对工作、生活、学习等方面提出各种问题，会有其他用户来帮助回答，同时这些答案又将作为搜索结果呈现在用户面前，如图 6-23 所示为百度知道网站的首页。

企业在百度知道上做品牌营销时，可以通过自问自答的方式，用不同的账号和 IP 地址提出问题并回答问题，在回答问题时，可以将企业的产品知识嵌入到答案中，用专业性的知识来推广企业的品牌，同时进行相关产品的推广。

图 6-23　百度知道网站首页

3）百度图片

百度图片是全球最大的中文图片库，如图 6-24 所示为百度图片网站首页。

图 6-24　百度图片网站首页

互联网是个丰富多彩的大家庭，网民们喜欢在互联网上通过图文并茂的画面来吸收知识量，百度图片能提供丰富多彩的图片，为用户提供视觉上的享受，企业如果想要利用百度图片平台进行品牌推广，可以将一些相关的图片加上水印然后上传到一些大型的网站或论坛中，等待百度图片的收录。

4）百度贴吧

百度贴吧是一个以兴趣为前提的聚集志同道合者的互动平台，如图 6-25 所示为百度贴吧网站的首页。

贴吧的主题十分丰富，作用也非常鲜明，相关介绍如图 6-26 所示。

图 6-25　百度贴吧网站首页

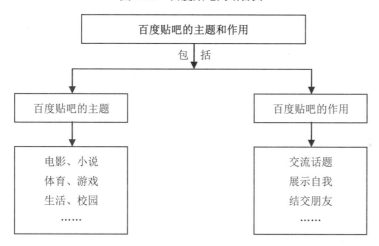

图 6-26　百度贴吧的主题和作用

　　因为百度贴吧上常常会聚集很多网民，因此企业可以选择在百度贴吧里进行品牌推广和营销，尤其是企业制造出了一件热点事件后，可以在百度贴吧里发布帖子，增强热点事件的热度延续性，同时还能让更多人知道这一热点事件，为了品牌形象考虑，企业应尽可能发布有利于树立品牌形象的事件。

6.3　营销步骤

　　企业在利用百度推广进行品牌营销时，不要过于急躁，可以制定策略一步步地按照百度推广的规则走，这样才有可能获得高效的利益，在百度推广做品牌营销时应遵循如图 6-27 所示的步骤。

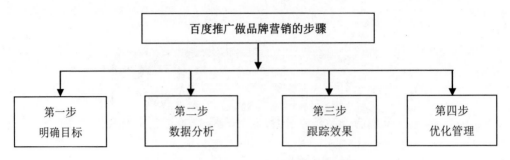

图 6-27　运用百度推广做品牌营销的步骤

6.3.1　明确目标

没有目标的企业，会被这个硕大的网络营销蛋糕给吞噬，一味地跟风，只会让企业埋没在众多电商企业之中，由此可见，企业在决定执行某个营销活动之前，一定要明确目标。很多企业在做百度推广时的目标几乎都是如图 6-28 所示的内容。

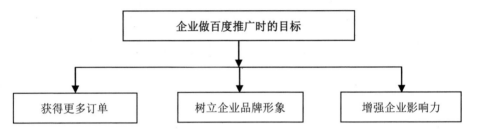

图 6-28　企业做百度推广时的目标

获得更多订单是企业的最终目标，获得订单的前提是产品或品牌得到推广。

- 利用百度推广使企业品牌或产品让更多的网民知晓，这一过程体现为企业在百度推广页面上的展现量；
- 如果网民感兴趣，就会点击进入，看到相应产品的介绍，这一过程体现为企业在百度推广页面上的点击量；
- 有的潜在客户对企业感兴趣，就会进入企业的网站进行更深入地了解，这一过程体现为企业在推广页面上的访问量；
- 若是客户想更进一步地了解企业品牌和产品，就可以咨询企业客服，这一过程体现为咨询量；
- 最终的结果是获得订单量。

将这一过程用图解显示如图 6-29 所示。

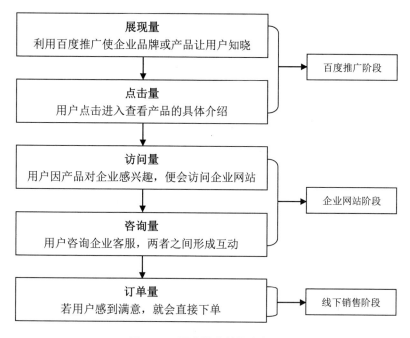

图 6-29 百度推广效果流程图

由此可见，企业要获得订单，就需要通过百度推广的平台提高品牌和产品的展现量以及点击量，而企业在确定目标之前，先要想清楚推广什么产品、产品的卖点、产品数量是多少，根据这些信息，在百度推广起来就不会显得那么漫无目的了。

6.3.2　数据分析

企业在确定好百度推广目标之后，就得认真投放关键词了。关键词非常重要，因为它直接决定着企业推广的成败，如果企业选择的关键词搜索量居高并且出价合理，那么百度推广定会给企业带来一定的效益，若企业关键词没选择准确，只会损失得比较多。

如何选择关键词？有如图 6-30 所示的两个办法。

企业选择好合适的关键词以后，还应该给关键词出一个合理的价格，这个价格需要从以下两方面进行考虑。

● 关键词在企业心目中的价值；
● 潜在客户购买意愿。

关键词在企业心目中的价值实际也是关键词本身的价值，如"长城"是外地游客到北京旅游的重点选择景点，那么长城旅游计划下的关键词就应该设置较高的价格。

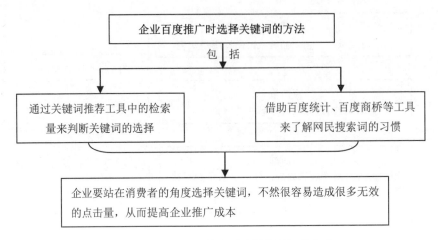

图 6-30　企业百度推广时选择关键词的方法

　　根据潜在客户购买意愿制定关键词价格的意思是如果顾客的购买意愿强烈，那么该系列的关键词就应该设置高点的价格。

　　同时，企业应该每天都关注关键词的动态，根据历史数据，筛选出没有必要再用的关键词，重新设定好的关键词，历史数据表现好的关键词，则可继续留用。

6.3.3　跟踪效果

　　企业选择百度推广进行品牌营销和广告投放的时候，需要跟踪、评估广告投放和推广效果，为了让企业更好地检测效果，百度推出了一款网站流量分析工具——百度统计，百度统计的作用和对企业推广的意义如图 6-31 所示。

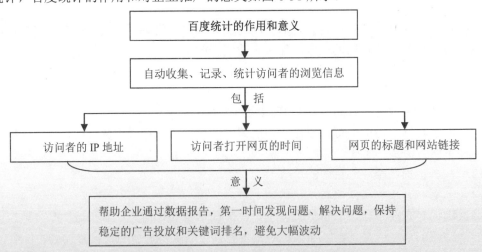

图 6-31　百度统计的作用和意义

6.3.4　优化管理

企业应当把不同时间段的数据进行汇总，然后生成报告，根据汇总所得，与推广标准进行比对，指出取得的成绩与不足。

企业在对投放数据进行分析的时候，还要结合历史数据和市场新动向，合理地调整关键词、创意、账户结构等各层级的内容，以达到推广标准，实现推广目标。在这个过程中，根据数据报告和分析得到的结论，制定优化方案，取得各方面确认后再实施。需要注意的是，优化管理主要有两方面的内容，如图6-32所示。

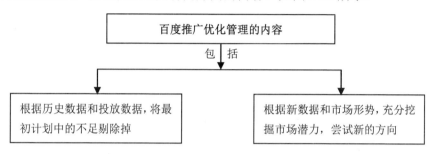

图6-32　百度推广优化管理的内容

6.4　案例分析

百度推广因其强大的功能获得了众多品牌企业的青睐，目前，已经有很多品牌企业通过百度推广实现了产品营销、品牌营销，提升了人气和知名度，接下来笔者着重介绍几大百度推广营销案例。

6.4.1　中信银行百度贴吧营销案例

如今，越来越多的品牌意识到年轻客户群体的重要性，品牌越早与年轻群体建立物质和精神连接，就越有利于获得长远的商业回报。

为了吸引年轻群体的注意，建立与年轻群体的情感联系，中信银行和百度贴吧合作推出"壕"卡，启动年轻群体办卡服务。之所以选择与百度贴吧展开合作，是因为贴吧是"年轻人的主场"，中信银行通过对年轻用户心理需求的探索以及结合时下最新的"热点"——"壕"字眼，成功地抓住了用户的心。

6.4.2　可口可乐百度贴吧营销案例

奥运期间，可口可乐借助刘翔、孙杨等奥运明星在百度贴吧上进行了一次品牌营销推广，拿刘翔做示例，可口可乐推出了《"坚毅眼神、瞬间迸发"刘翔新广告剑指伦敦！》的软文，将可口可乐品牌嵌入其中，达到了增加用户关注度、提升了品牌知名度的效果。该活动共持续 28 天，总点击量达 189940 次，支持次数达 3304 次，回复次数达 7792 次。

第 7 章

微信公众号：自我营销打造超级人脉和钱脉

学前提示　在网络营销里，人脉爆棚的应该属于微信营销，而且微信的火热带动了微信公众号的品牌营销，微信公众号已经成为企业品牌宣传的一个窗口，企业离不开微信平台提供的营销机会。本章主要探讨微信公众号对企业品牌营销的作用和影响。

```
                                    ┌─────────────────────┐
                                ┌───┤  先行了解             │
                                │   └─────────────────────┘
┌──────────────────┐           │
│ 微信公众号：自      │           │   ┌─────────────────────┐
│ 我营销打造超级      ├───────────┼───┤  营销策略             │
│ 人脉和钱脉         │           │   └─────────────────────┘
└──────────────────┘           │
                                │   ┌─────────────────────┐
                                └───┤  案例分析             │
                                    └─────────────────────┘
```

7.1　先行了解

现如今微信使用越来越频繁，从聊天到创业，微信逐渐融入人们的生活当中，成为不可或缺的一部分。到底微信是什么？企业又该如何通过微信进行品牌营销呢？

企业通过微信进行品牌营销其实就是通过微信公众平台来进行品牌营销，企业将微信公众平台与微信会员管理系统相结合，来展示如图 7-1 所示的内容。

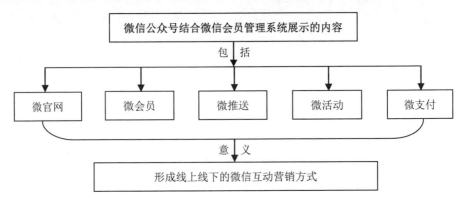

图 7-1　微信公众号结合微信会员管理系统展示的内容

本节将从简单的介绍微信入手，与读者共同探讨微信品牌营销的相关内容。

7.1.1　微信简介

微信是腾讯公司于 2011 年 1 月 21 日推出的一款手机社交软件，如图 7-2 所示为微信图标。

图 7-2　微信图标

微信从研发到如今的拥有几亿用户，只用了短短几年时间，不得不说这是一个有着巨大潜力的软件。微信与同类聊天工具比较起来更具特点，它从如图 7-3 所示的几方面改变了人们的生活。

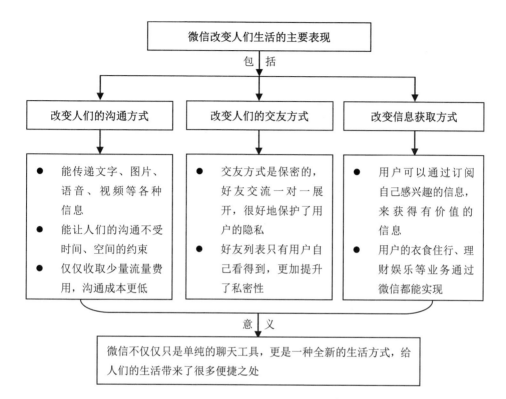

图 7-3 微信改变人们生活的主要表现

7.1.2 微信公众号

微信公众平台是腾讯公司在微信的基础上新增的功能模块。在这个模块上，企业能够申请注册微信公众号，然后通过文字、图片、语音、视频等模式与用户进行全方位的沟通和互动。

1) 公众平台类型

商家借助微信公众平台，实现和用户的一对一互动，确保消息的推送和阅读，通过信息推送增加用户与商家之间的黏性，吸引用户消费，挖掘用户购买力。如图 7-4 所示为微信公众平台登录页面。

目前微信公众平台账号划分为如图 7-5 所示的 3 类。

2) 公众平台功能

微信公众号服务范围极广，无论是个体用户还是企业用户，都能覆盖到。

- 个人用户：可以通过关注公众号获得很多便利，如查询银行卡内余额、手机充值、航班登机牌办理等服务。
- 商家：可以利用公众平台摒弃传统宣传媒介，通过微信渠道将品牌推广给微信用户，以低成本提高品牌知名度，打造具有影响力的品牌形象。同时，商家还能通过微信公众平台发布产品信息或各种活动优惠，引导用户购买。

● 企业：能通过公众平台为用户提供便捷舒适的服务，增强自身相对于其他企业的竞争力等。

图 7-4　微信公众平台登录页面

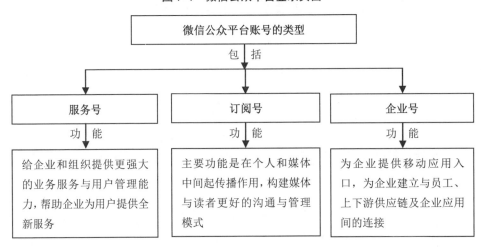

图 7-5　微信公众平台账号的类型

7.1.3　什么是微信品牌营销

微信品牌营销是指企业通过微信朋友圈或者微信公众号，以图片、文字、视频、语音等形式向用户发布推送消息和广告，以此来提高企业的知名度、树立品牌形象的一种营销方式。如图 7-6 所示为优衣库品牌官方微信。

图 7-6　优衣库品牌官方微信

7.1.4　微信品牌营销的特点

微信品牌营销是移动互联网时代的一种新型的营销模式。当用户注册微信账号后，可根据自己的爱好订阅喜欢的公众号，商家通过微信公众号平台可以为用户提供有用的信息，同时还能推广自己的产品，从而实现点对点的营销目的。

微信公众号对于企业品牌的宣传和推广能够起到很好的作用，原因在于微信品牌营销具备如图 7-7 所示的特点。

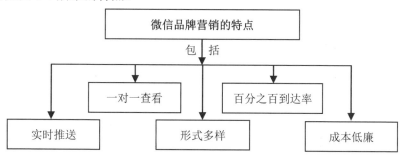

图 7-7　微信品牌营销的特点

1) 实时推送

与其他社交工具相比，通过微信推送的消息到达用户的手机后，用户能够在第一时间获得手机的提醒，从而保证微信消息推送的实时性。

2) 一对一查看

用户查看微信公众号推送的信息时，一次只能看一家企业推送的信息，从而保证用户在查看信息时的专注度。

3）形式多样

微信营销的渠道非常多样化，除了微信公众号，还有如图 7-8 所示的其他营销渠道，商家企业可以根据自己的企业特点和资金状况选择适合自己的营销方式。

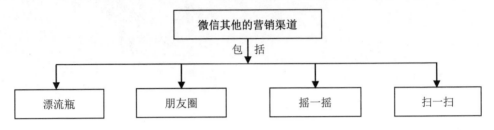

图 7-8　微信其他的营销渠道

4）百分之百到达率

微信的这种实时推送以及一对一查看的方式，确保了每个用户都能看到企业推送的信息，从而实现百分之百的到达率。

5）成本低廉

微信账号注册和腾讯官方认证都是免费的，由此可以看出，微信营销几乎不用太多的成本。虽然如此，对于大型品牌企业来说，想要将微信品牌营销做好，还是需要一定的资金来维护用户。

7.1.5　微信品牌营销的技巧

企业想通过微信公众号进行品牌营销，就要对微信公众号有个全方位的了解，从中掌握一定的营销技巧，如图 7-9 所示。

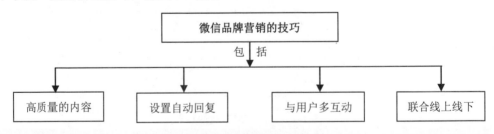

图 7-9　微信品牌营销的技巧

1）高质量的内容

微信品牌营销对内容的要求很高，因为只有丰富的、有趣的内容才能吸引用户，因此对于微信公众平台内容的定位，企业一定要非常重视，而且必须精耕细作，通过原创或者高质量的转载内容，来获得用户的赞赏和青睐。不要只推送一些肤浅没有意义的内容或广告，这样不仅会让用户反感，还会使用户直接取消关注。

2）设置自动回复

自定义回复接口有很大的可开发空间，通过自定义回复接口，企业可以宣传企业文化、感谢用户的关注，还能推荐企业活动，如用户可以通过输入关键字"活动"查看最新活动。

除此之外，用户还可以通过自定义回复功能为企业提供宝贵意见，而企业则可以在微信内生成微信贺卡、提供微信导航服务、提供智能对话服务，等等。

3）与用户多互动

通过微信公众平台，企业可以多发起一些有趣的活动，以此来调动用户参与活动的积极性，从而拉近企业与用户的距离。

除了发布活动之外，还可以通过其他方式与用户进行互动，例如通过问卷调查了解用户的内在需求，通过设置各类专栏与用户展开积极的互动等。

4）联合线上线下

要做好微信公众号运营，企业就要灵活利用所有线上线下的推广渠道。将 QQ、微博、百度贴吧、天涯论坛等火爆社交平台与微信打通，来增加用户的转化率，同时，还要结合线下的活动、会展、促销等吸引用户的关注。

7.1.6 微信品牌营销的注意事项

对于企业而言，尤其是大型的品牌企业，如果决定进行微信公众号营销，那么最好完成公众号的认证。微信认证有两点好处，如图 7-10 所示。

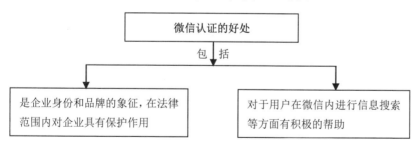

图 7-10 微信认证的好处

虽然微信认证有以上所示的好处，但值得注意的是在进行品牌营销时，企业不得利用微信公众账号或微信公众平台服务进行如下行为。

- 冒充、利用他人名义发布信息的行为；
- 提交、发布虚假信息或虚构信息的行为；
- 强制用户关注或分享的行为；
- 侵害他人的名誉权、肖像权、知识产权、商业秘密等合法权利的行为；

- 申请微信认证资料与注册信息内容不一致的，或者推广内容与注册信息所公示身份无关的；
- 未经腾讯书面许可，利用其他微信公众账号、微信账号和任何功能，以及第三方运营平台进行推广或互相推广的；
- 未经腾讯书面许可，使用插件、外挂或其他第三方工具、服务接入本服务和相关系统；
- 利用微信公众账号或微信公众平台服务从事任何违法犯罪活动的行为；
- 制作、发布与以上行为相关的方法、工具，或对此类方法、工具进行运营或传播，无论这些行为是否出于商业目的。

7.2　营销策略

　　优秀的营销策略在微信品牌营销中可以起到很大的作用，可以说，微信品牌营销能否取得成功，取决于微信公众账号的营销策略。微信公众账号的营销策略看似简单，其实里面大有学问。这节为大家介绍公众号营销成功的基本策略。

7.2.1　粉丝定位

　　企业要知道，一个高质量的粉丝抵得上一群"脑残粉"。不同的行业、不同的企业经营的产品不一样，因此它们所要服务的对象也不一样，例如苏宁易购，其经营的方向主要是电子电器之类的产品，因此它的目标用户群是知识分子、上班族、家庭主妇或者对电子产品需求较大的电器商等。

　　对于企业来说，根据商业目标、产品特色或者经营模式来定位粉丝是很有必要的，因为企业的最终目的是营销，如果对目标群体没有一个准确的定位，那么吸引过来的粉丝很有可能都是一些"僵尸粉"，这样的粉丝数量只能是一个数字，对于企业的营销没有任何价值。

　　精确地定位粉丝群体就是要明确目标群体。这样做的目的是为了在做品牌营销之前，提高粉丝的精确度，从而更好地实现品牌营销活动。微信粉丝讲究的是质量而不是数量，如果粉丝定位准确，那么企业在运营过程中就能够明确每一次沟通、互动、推送的对象是谁，并且了解他们的需求。

7.2.2　内容有趣

　　微信品牌营销对内容的要求很高，但是，很多企业不知道要放置什么样的内容才能吸引人。在微信公众平台上，企业展示内容的方式包括：

- 文本；

- 图片；
- 视频。

但想要做好品牌营销，单用这些方式还不够，还要通过更独特的方式去展示这些内容，例如有的企业就通过炫酷、有趣的 HTML5 页面来展示内容，这种内容展示方式在微信里已经火了一段时间了。

除了微信内容的展示方式，微信的内容本身也很重要。在微信内容方面，要把握好如图 7-11 所示的几个要点。

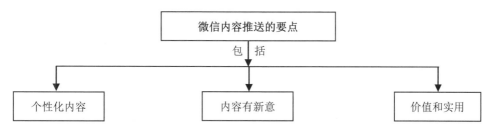

图 7-11　微信内容推送的要点

1）个性化内容

说到个性化内容，也许是企业最难把握的一个要点，因为企业在发布微信内容时，无论是在报道方式上，还是在内容形式上，都倾向于长期保持一致性，这样才能给用户一种系统而直观的感受。

长期的个性化往往很难做到，做得不好还容易让企业的自成体系失去平衡。但是，如果企业想让自己的微信公众号与他人的微信公众号"划清界限"，变得更加容易被用户识别，那么个性化的微信内容是必不可少的。个性化的内容不仅可以增强用户的黏性，使之持久关注，还能让企业微信公众号在众多公众账号中脱颖而出。

2）内容有新意

内容要有新意，如果不能做到让全部的页面都具备新意，但至少也要让发布的内容不至于太过苍白无聊。除了恶搞、娱乐性质的内容之外，情感营销也是一个很不错的选择。令人感动的内容，往往能够引发用户情感上和心灵上的共鸣，远比那些单纯的搞笑内容强得多。

3）价值和实用

在利用微信进行品牌营销的过程中，企业一定要注意内容的价值性和实用性。这里的实用是指符合用户需求，对用户有利、有用、有价值的内容。

- 可以为用户传授生活常识；
- 也可以为用户提供信息服务；
- 可以利用视频课程帮助用户解决困难；
- 也可以向用户提供促销信息或者折扣奖品等活动。

不论是哪方面的内容，只要能够帮助用户解决困难，就是好的内容，而且，只有有价值和实用的内容，才能留住用户。

7.2.3　完善功能

企业要在微信公众平台上实现营销价值的最大化，除了丰富多彩的内容之外，还要充分发挥微信公众平台的功能价值。对企业来说，微信公众号的主要作用如图 7-12 所示。

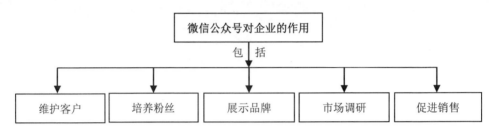

图 7-12　微信公众号对企业的作用

刚开始，企业可以设置一些基础功能，如天气查询、折扣、路况查询等。发展到后期，就可以根据粉丝的需求不断完善公众平台的功能。对于品牌企业而言，除了基础性的功能，还需要针对目标群体进行个性化的定制，如理财、超市、照片打印等。

7.2.4　策划活动

在企业的品牌营销中，利用微信公众平台进行活动策划的目的有两点，如图 7-13 所示。

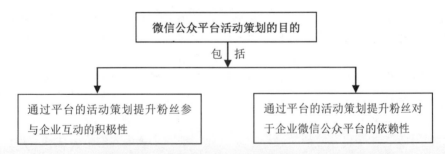

图 7-13　微信公众平台活动策划的目的

无论是大品牌企业还是小品牌企业，为粉丝定期地策划一些有新意的活动，是一种很好的增强粉丝黏性的行为。而在有新意的活动策划中，最重要的一个环节就是对目标群体和活动目标进行如下分析。

- 企业的目标人群是哪些？
- 他们最需要什么？
- 什么样的东西最吸引他们？
- 本次策划活动的最终目的是什么？是为了增加用户的黏性，还是为了增加销售额？

只有对自己的目标用户和营销目的有了专业的、精准的定位分析，才能策划出吸引人的活动方案。

7.2.5　智慧推广

众所周知，企业要推广微信公众号绝对不是一件轻松的事，一句话来概括：企业想要推广微信公众号就必须动脑。那么，企业应该如何做呢？

首先，要让老客户成为企业的粉丝，原因如图 7-14 所示。

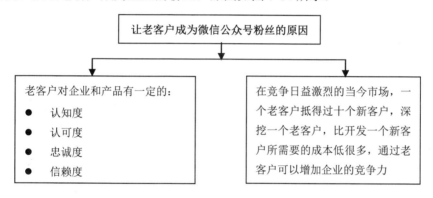

图 7-14　让老客户成为微信公众号粉丝的原因

让老客户成为微信公众平台的粉丝之后，就要进行第二步流程："以老推新"。"以老推新"的意思就是利用已经成为粉丝的老客户对企业的公众平台进行推广，从而形成一个辐射状的链桥形式，增加新的粉丝群。

7.2.6　账号运营

企业微信公众账号不仅仅是一个平台，它还代表了企业的品牌形象，因此，企业微信公众号的运营千万不能太过盲目，要有一定的计划性。如何有计划性地运营？可以按照如图 7-15 所示的几个环节进行。

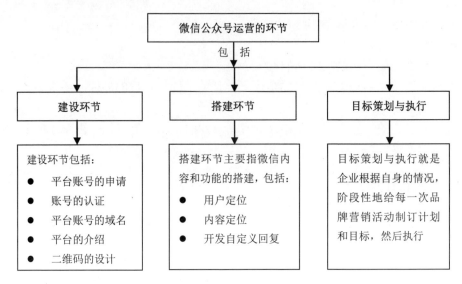

图 7-15　微信公众号运营的环节

7.2.7　制造新鲜感

　　企业不能故步自封，而是要推陈出新，突破现有的品牌营销模式，将企业的产品推出去。好产品并不意味着一定有好销售率，企业的产品可能的确质量好、价格低，但不一定就会出现火爆的趋势，用户的选择有千百万种。所以在利用微信公众平台进行品牌营销的时候，企业要亮出自己的特色，让自己显得与众不同。

　　当今社会，用户在购买同类型产品的时候，买的不一定是最优惠的，有些商品虽然价格高一点，但是只要其营销方式新颖，能够给用户带来新鲜感，也很容易勾起用户的购买欲，从而增加销售率。

7.2.8　宣传理论

　　企业利用微信做品牌营销，就要懂得一些宣传技巧和理论。

　　1) 线下引流

　　线下引流的具体做法是将企业二维码放置在门店中，通过一定的优惠方式，鼓励顾客用手机扫描二维码，这样做的好处有如图 7-16 所示的两个。

　　2) "病毒式"口碑营销

　　微信公众平台很适合"病毒式"的口碑营销，因为微信公众平台具备如图 7-17 所示的特点。

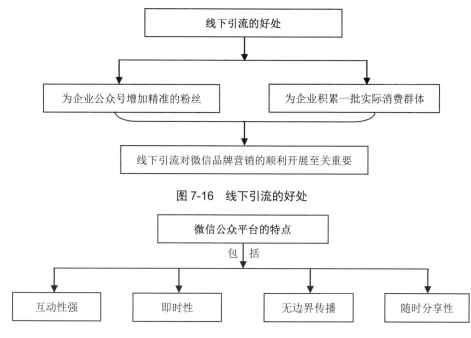

图 7-16 线下引流的好处

图 7-17 微信公众平台的特点

微信公众平台具备群发功能。利用该功能，企业能够将编辑好的内容和素材发送给关注的粉丝，如果是非常优质的内容，就会引起粉丝的自动分享和转发，从而激发出口碑效应。

7.2.9 5 大忌讳

微信公众号平台的宣传口号是："再小的个体，也要有自己的品牌。"这句台词揭示了一个哲理：个人品牌永远不会过时，在互联网时代，只要是有价值的服务，都是被鼓励的。

因此，企业在利用微信公众平台进行品牌营销的时候，只要端正态度，不要触及如图 7-18 所示的几大忌讳，就一定会获得意想不到的效果。

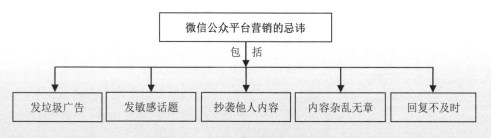

图 7-18 微信公众平台营销的忌讳

1) 发垃圾广告

如何定义垃圾广告？每个企业都有自己的品牌，每个品牌都会有自己的主题，如果企业推送与微信号主题无关的广告，就叫垃圾广告。

例如做化妆品的企业，在推送信息时，夹带与化妆品主题不相关的家居广告，这些就是不相关的内容，在用户眼中，也就是令人深恶痛绝的垃圾广告。企业要避免无节制地大量发送不相关的垃圾广告，因为这很有可能会引起用户的反感，严重的还可能被关闭群发功能。

2) 发敏感话题

什么是敏感话题？凡涉及色情、政治以及暴力等的话题都被称为敏感话题。微信官方对于这点是非常重视的，一旦发现就很有可能立即关闭群发功能，严重的还会封号，因此企业在编辑内容时不要涉及敏感话题。

3) 抄袭他人内容

微信公众平台对知识产权有保护作用，一旦发现抄袭，要么禁言，要么封号。因此，企业推送的内容，最好以原创为主，如果是引用，则必须注明作者和出处。

4) 内容杂乱无章

企业不要随便什么信息都推送。因为公众账号每月只有一次推送机会，因此要尽量将信息精华化，否则用户容易产生审美疲劳，就不会再持续关注公众号。

5) 回复不及时

如果用户向企业公众账号发出信息，而企业公众账号没有及时回复，用户就会有种被冷落的感觉，因此企业要及时回复用户信息，这样才能快速建立起用户对企业的好感。

7.3 案例分析

随着微信公众号的诞生，越来越多的企业涌入了微信公众平台，在日益激烈的竞争下，一大批成功的案例也由此诞生。下面为读者举几个成功案例。

7.3.1 维也纳酒店：打造智能化平台

维也纳酒店是全国精品连锁酒店的第一品牌。为打造极致的服务体验，维也纳酒店也加入了微信公众号的大军，当看到服务号的智能服务接口后，维也纳酒店果断地将企业公众号升级为服务号，从而获得了很多服务模块，如图 7-19 所示。

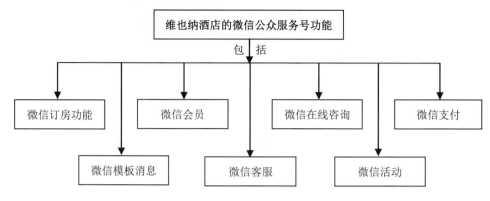

图 7-19　维也纳酒店的微信公众服务号功能

维也纳酒店不仅仅是在微信服务号功能开发上下了功夫，还通过一系列活动来提升客户的体验。

- 微信预订：通过"微信预订立减 20 元"差异待遇活动来进行微信公众号的流量转化。
- 每日签到送积分：通过每日签到送积分活动，让维也纳酒店的会员留在微信平台上，并得到愉快和实惠。
- 线上线下活动：线上在官网、微博等地方贴出二维码来增加流量，线下在宣传单、会员卡等地方贴出二维码来增加流量。
- 微博整合营销：在微博上进行公众号的传播，然后在微信公众号上展开各种促销活动来留住新客户，通过整合营销增加用户的流量和黏性。

除此之外，维也纳酒店还推出了微信自助服务，通过一体化和智能化的自助服务来提高消费者的黏性。有了微信订房服务之后，维也纳酒店订房量已经由上线时的每日几十间上升到现在的每日 1000 多间，由此可见，微信公众号对企业品牌营销起着非常重要的作用。

7.3.2　豆瓣同城：城市文化生活指南

豆瓣同城是一个通过定位搜索帮助用户了解生活信息的微信公众平台，如图 7-20 所示为豆瓣同城的微信公众号。

在豆瓣同城公众平台上，用户只须输入所在城市，即可获得相关热门同城活动。活动类型包含如图 7-21 所示的内容。

早在 2013 年，豆瓣同城就被评选为"最值得大学生关注的十大微信公众号"，由此可见它的成功之处。

图 7-20　豆瓣同城微信公众号

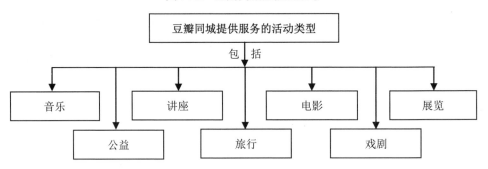

图 7-21　豆瓣同城提供服务的活动类型

7.3.3　果壳网：泛科技兴趣社区

　　果壳网是一个贴近人们生活的泛科技兴趣社区，在这里，用户可以进行如图 7-22 所示的活动。

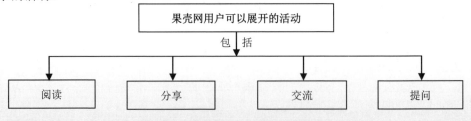

图 7-22　果壳网用户可以展开的活动

　　果壳网之所以能在众多同类微信号中脱颖而出，是因为它对推广内容在编辑时十分重视。如图 7-23 所示为果壳网的微信公众号。

图 7-23　果壳网的微信公众号

　　果壳网在微信公众平台推送的消息包括了方方面面，如图 7-24 所示。这些信息大大满足了拥有不同喜好的用户，使得微信的受众群更广。

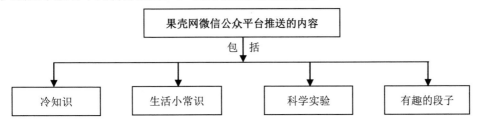

图 7-24　果壳网微信公众平台推送的内容

第 8 章

新浪微博：小品牌也能够通过微博创造奇迹

学前提示　　微博作为新兴的社会化媒体工具，无疑对传统的媒体营销工具产生了巨大冲击。目前，微博已经成为品牌营销的利器、市场调查与产品开发的创新工具、危机公关的理想选择。本章主要探讨微博对企业品牌营销的作用和影响。

新浪微博：小品牌也能够通过微博创造奇迹

- 先行了解
- 营销策略
- 案例分析

8.1 先行了解

微博品牌营销是微博诞生后催生出来的新兴营销模式。通过一对多的互动交流方式、快速广泛传播的特性，微博品牌营销瞬间成为最火爆的运营推广方式之一。

企业主要是利用微博 140 字内容信息功能来跟粉丝进行互动交流。在这个大社交舞台上，企业只要通过一定的营销策略，就能推广企业的品牌和产品信息，树立良好的企业形象和产品形象，从而达到营销的目的。

本节将为读者介绍微博品牌营销的相关内容。

8.1.1 什么是微博营销

什么是微博营销？微博营销就是指企业通过微博平台为消费者创造价值并发现消费者各类需求的商业行为模式，

与强调版面布置的博客相比，微博具备如图 8-1 所示的特点。

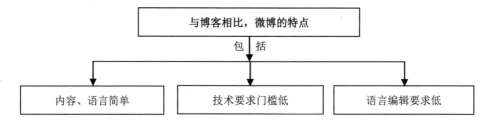

图 8-1 与博客相比微博的特点

正是微博平台的这种简单精辟的内容表达方式和便捷快速的信息传播分享模式，使得企业和商家们开始抢占微博营销入口，力图利用微博平台开启互联网品牌营销市场的另一片天地。

8.1.2 微博营销的特点

每个营销平台都有其独特的特点，微博营销也不例外，其特点主要体现在以下几个方面。

- 可以通过文字、视频、图片等多种形式对企业品牌和产品进行传播。
- 在微博上发布内容，可以节省大量时间成本，因为无须太多复杂的审批流程，即时发布，即时分享。
- 微博平台的传播力度非常大，只要微博内容受到人们的关注，就会形成"病毒式"的传播效应，很短的时间就能通过转发功能到达全国的每一个角落。

● 微博平台的名人效应能使信息的传播呈几何级放大。

8.1.3　微博营销的优势

微博原本只是一个单纯的社交平台，后来企业看到其蕴藏的巨大商机，才慢慢发展成重要的网络营销推广工具。因为微博营销是基于微博的传播特性而发展起来的，因此微博营销具有如图 8-2 所示的优势。

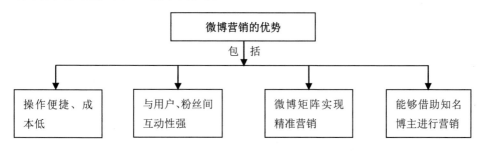

图 8-2　微博营销的优势

1) 操作便捷，成本低

微博具有媒体属性，但是与广告媒体相比，微博营销有着得天独厚的优势，具体如下。

● 注册免费，不像报纸、电视等媒体需支付高额的时段广告费用等；
● 操作界面简洁、操作方法简易，不必有多专业的计算机网络技术；
● 多媒体技术使信息呈现形式多样；
● 具备"自媒体"属性。

2) 与用户、粉丝间互动性强

社交媒体时代，人性化的传播不仅可以拉近企业与用户之间的距离，还能够提升品牌的影响力，促进产品的营销。

在微博上，企业运营者能够通过风趣、幽默、富有人情味的语言与消费者进行互动，也可以通过相关的活动宣传自身的产品，让品牌在目标消费群中得到广泛的传播。这种互动式的传播方式，更容易获得消费者的认可，因为它已经脱离了单纯的买卖关系，更多的是与消费者和粉丝之间建立起一种"友谊"关系。

这种"友谊"关系的建立对于提升品牌的忠诚度和美誉度有很大的帮助，是实现口碑营销的绝佳途径。

3) 微博矩阵实现精准营销

在微博上，企业能够建立自己的微博矩阵。微博矩阵是指企业基于不同的目标群体，开设多个不同功能的微博，与不同的粉丝进行沟通，从而使企业内部资源在微博上实现最优化排布以获得最大效果的一种微博营销方式。微博矩阵包括两个必须项和四个选择项，如图 8-3 所示。

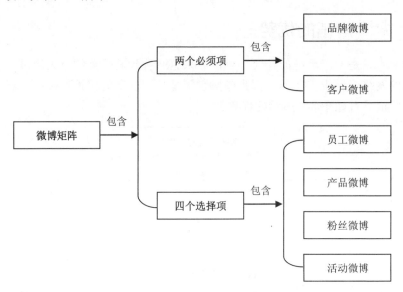

图 8-3　微博矩阵包含的内容

　　企业的品牌策略只要运用得当，就能够植入微博矩阵中去，而且运用微博矩阵，更利于企业针对不同的产品用户进行精准营销。

•专家提醒

　　值得注意的是，不同的企业适用于不同的微博矩阵类型，因此，企业要根据自身情况，因地制宜，才能达到最理想的微博推广营销效果。

　　4) 能够借助知名博主进行营销

　　在微博中，企业微博的影响力主要由以下 3 个因素决定。

● 活跃度：指企业发表微博、转发微博、评论微博的有效条数；

● 传播力：指企业微博被转发、被评论的数量和力度；

● 覆盖度：指活跃的粉丝数。

　　因此，企业如果想提升微博的影响力，就要从以上 3 大因素入手。

　　例如借助拥有大量粉丝的知名博主之手，帮助企业进行品牌推广，实现更好的营销效果。借助知名博主进行营销，主要有如图 8-4 所示的两点优势。

•专家提醒

　　企业借助知名博主进行品牌推广和营销的方式，本质上就是做广告，因此是有偿服务，根据知名博主的粉丝量来确定收费等级。

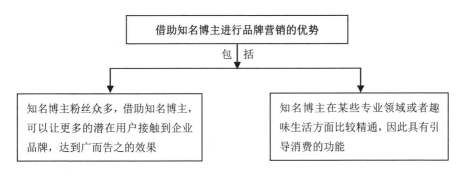

图 8-4　借助知名博主进行品牌营销的优势

8.1.4　微博营销的价值

在互联网时代，微博为品牌营销带来的商业价值是无可估量的。就目前而言，微博营销主要有如图 8-5 所示的 5 大商业价值。

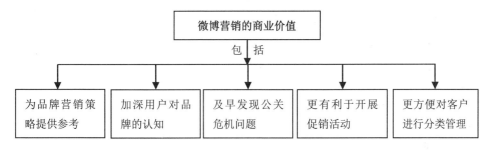

图 8-5　微博营销的商业价值

1) 为品牌营销策略提供参考

因为微博具有自由发表、转载、评论等功能，所以微博用户完全是根据自身的爱好、需求、兴趣等参与信息的传播。企业可以通过用户传播的信息和传播习惯，了解到用户的生活习惯、消费习惯、生活需求、情感需求等各种信息，这些信息对于企业制定产品策略和营销策略，有很好的参考价值。

2) 加深用户对品牌的认知

从消费者转载、传播的信息中，企业可以"倾听"到消费者最真实的想法，因此企业可以根据消费者表达出来的愿望随时制定、修改、调整相关的产品战略和营销，以此来满足消费者的需求，提高他们的满意度。这种"柔性"的沟通战略，更加加深了消费者对企业品牌的认知。

3) 及早发现公关危机问题

微博不仅为企业提供了一个传播推广的平台，还为企业提供了一个及早发现、处理公关危机的平台。在企业与粉丝的日常交流互动中，企业一旦发现了公关危机的苗头，就可以立即采取措施将危机扼杀在萌芽状态。

115

如果危机事件已经发生，企业则可以利用微博大众对危机事件的态度，迅速采取适当的处理措施，防止事态恶化，以免对品牌形象造成不可挽回的后果。在处理公关危机事件时，企业为避免事态扩大，要对粉丝进行主动、透明、公开的回应，消除公众的误解。

4）更有利于开展促销活动

对于企业来说，微博最大的商业功能就是能够在平台上开展促销活动，例如打折、抽奖或者免费派送等。在微博上开展促销活动有如图 8-6 所示的 3 点好处。

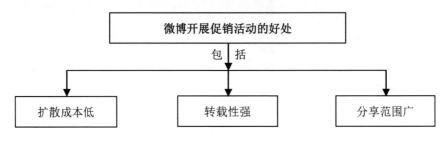

图 8-6　微博开展促销活动的好处

5）更方便对客户进行分类管理

在微博上，企业能够对客户进行分类管理。根据情况，可以将客户按以下几方面进行分类。

- 地区；
- 性别；
- 年龄；
- 职业；
- 爱好；
- 社会地位；
- 社会影响力。

对客户进行分类管理，能够让品牌传播或产品营销更加精准化。

8.2　营销策略

对于互联网品牌营销来说，微博是一把双刃剑：运用得当，会收获到意想不到的效果；运用不当，就会给企业自身形象造成严重的损害。因此，企业在进行互联网品牌营销的时候，必须掌握一定的微博营销策略。本节主要探讨微博营销的核心策略。

8.2.1　微博大数据营销策略

哪里有数据，哪里就有大数据营销。通过大数据，微博能够发挥如图 8-7 所示的作用。

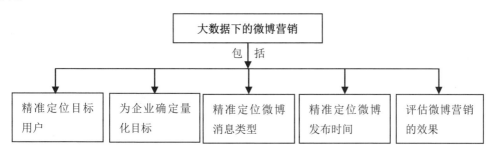

图 8-7　大数据下的微博营销

1) 精准定位目标用户

　　企业想要进行互联网品牌营销，就必须通过一系列的活动吸引用户，只有增加用户流量，才能进行更有效的营销活动。而通过大数据分析，企业能够快速建立用户的兴趣图谱，然后根据兴趣图谱，开展符合目标用户口味的活动，从而吸引更多人关注企业微博。

2) 为企业确定量化目标

　　大数据能够帮助企业将市场宣传、客户服务和公共关系这三者的关系化繁为简，通过具体的量化目标来重新梳理三者之间的关系，如图 8-8 所示。

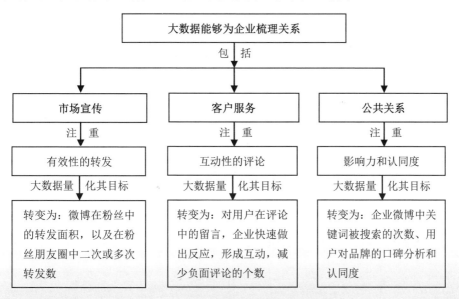

图 8-8　大数据能够为企业梳理关系

3) 精准定位微博消息类型

微博发布消息的形式多种多样，企业通过大数据分析，就可以根据目标用户的偏好，用不同形式进行信息内容的展示，可以用文字、视频，也可以用图片和音频，还可以将多种形式进行整合。

据统计，98%以上的热门微博都是通过图片形式发布的，原因主要有如图 8-9 所示的两点。

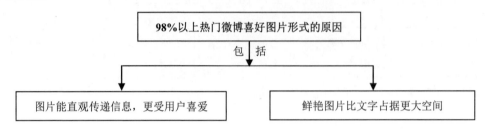

图 8-9　98%以上热门微博喜好图片形式的原因

4）精准定位微博发布时间

微博用户碎片化阅读特征非常明显，因此，企业在运用微博进行品牌营销时，要注意微博信息发送的时间段，以获得更多关注。通过大数据，可以精准定位微博发布的时间。

5）评估微博营销的效果

评估微博营销的效果主要是评估微博营销的影响力，从如图 8-10 所示的几个方面入手。

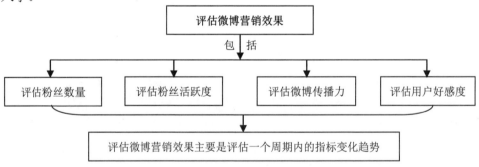

图 8-10　评估微博营销效果

8.2.2　微博形象营销策略

微博在构建互联网品牌形象方面发挥着很大的作用，使用时尤其需要注意如图 8-11 所示的策略。

1）打造高辨识度标识

企业在开通微博之前，首先要打造一个恰当的标识，提高自身的辨识度。标识一般由如图 8-12 所示的各种元素所组成。

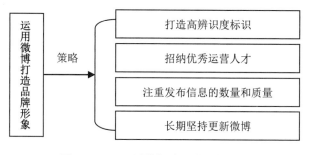

图 8-11　运用微博打造品牌形象策略

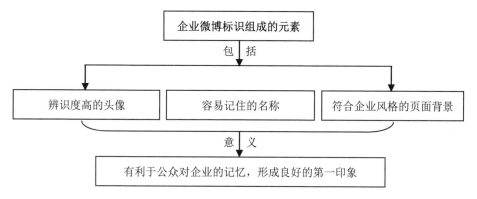

图 8-12　企业微博标识组成的元素

2) 招纳优秀运营人才

运营微博不是一件轻巧的事情，每个想要通过微博来打造互联网品牌的企业，都必须招纳专门的微博运营维护人才。

对于微博运营人才，通常有如图 8-13 所示的职业素养要求。

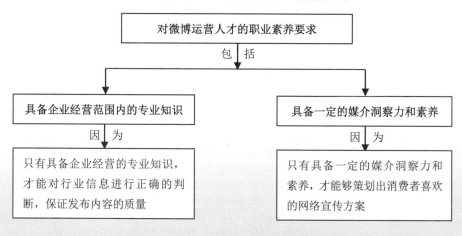

图 8-13　对微博运营人才的职业素养要求

3) 注重发布信息的数量和质量

在微博数量上，企业要注意两点，如图 8-14 所示。

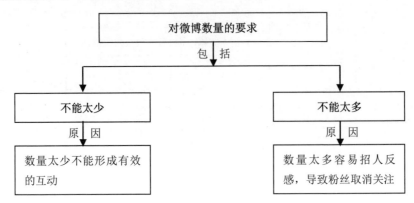

图 8-14   对微博数量的要求

在微博内容的质量上，企业要注意如图 8-15 所示的几点。

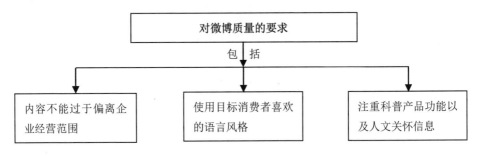

图 8-15   对微博质量的要求

4) 长期坚持更新微博

企业要长期坚持更新微博，因为只有保持微博的活跃度，才不会被粉丝遗忘。企业必须将微博运营作为长期品牌建设的战略。

8.2.3   微博热点营销策略

热点营销在很多网络营销工具中都得到广泛的运用。在微博上，企业也可以借助新闻事件、名人等备受关注的事物来进行互联网品牌营销，相关内容介绍如图 8-16 所示。

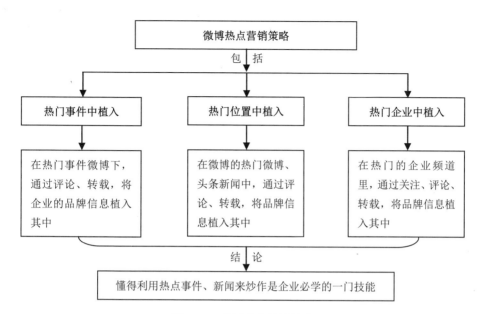

图 8-16　微博热点营销策略

8.2.4　微博互动营销策略

微博互动营销策略就是企业举办一些网民感兴趣的活动，与用户之间形成互动，然后通过激励手段，让参与活动的用户直接加入品牌传播扩散的阵容中，借助用户的转载，将品牌信息一层一层地传递出去，形成"裂变式"的传播模式。微博互动营销策略可以从以下几方面入手。

1) 建立子账户

大品牌旗下往往具备多个品牌信息，企业若想在粉丝群发起特定的话题，就必须建立一些专属的子账户，每个子账户里面就只有一种产品或品牌信息，即将不同的品牌信息细分开来，这样就能清晰地向用户传达品牌信息。

2) 解决用户实际需求

通过互动营销，企业能够与消费者直接对话，了解到这些用户的实际需求。企业若能够为这些用户解决他们的实际需求，就等于将品牌的人性化特征传递给了用户。

3) 经典的有奖活动

有奖活动是微博营销中最基本也最经典实用的营销方式。企业如果想要快速增粉、增加网站的浏览量，不妨试试这种传统而实用的办法。

•专家提醒

笔者认为，微博互动营销策略不仅能够帮助企业传递品牌信息，还能够增加消费者对企业的信任感。

8.2.5 微博硬广告营销策略

什么是硬广告？硬广告就是在报刊、电视、网络等媒介上最常看到的那种纯广告营销方式。微博硬广告具备如图8-17所示的网络特点。

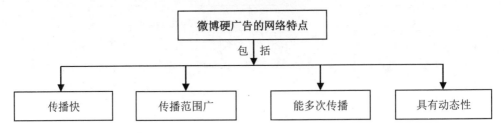

图 8-17 微博硬广告的特点

• 专 家 提 醒

除此之外，微博硬广告在其他方面还具备如下的特征。
- 和微博其他信息一样，都是以文字、图片、视频等形式展现；
- 产品或品牌信息非常显眼；
- 需要付费给第三方平台。

与软广告相比，硬广告最大的特点就是直接，能够让消费者一眼注意到广告内容和信息。但通常情况下，硬广告容易引起消费者的反感，因此企业在发布微博硬广告时，一定要注意关键词的选取和措辞。笔者建议展现形式最好采用图文结合的方式，因为图文结合的方式能减轻消费者的排斥心理，对于品牌传播能起到很好的作用。

8.3 案例分析

企业在了解微博营销的相关知识和营销策略后，就应该试着去展开实际的操作。下面介绍几个优秀的微博品牌营销案例，给企业提供参考。

8.3.1 可口可乐：微博情感营销

著名的国际品牌可口可乐在发现微博具有强大的商业化作用后，就开始通过微博与用户进行情感互动，网罗了大量粉丝。如图8-18所示为可口可乐微博首页。

1）用明信片传递情感

通过调查，可口可乐发现了如图8-19所示的内容。

基于这两点发现，可口可乐在圣诞节来临之前，运用微博进行了一次明信片传递情感的营销活动，该活动的内容如图 8-20 所示。

图 8-18　可口可乐微博首页

可口可乐对微博营销的调查

发现

微博用户喜欢在微博上通过@好友的方式表达自己想要表达的事

运用微博社交媒体，可以进行线上线下品牌营销

图 8-19　可口可乐对微博营销的调查

可口可乐"明信片"活动的内容

线上，通过微博平台直接@收件人

线下，将明信片寄送给用户本人

图 8-20　可口可乐"明信片"活动的内容

123

可口可乐的这一举动创造了一种社交媒体情感营销新模式。如图 8-21 所示为可口可乐明信片。

当人们过惯了钢筋水泥的生活，玩够了虚拟网络游戏之后，能够收到这样一份带着质朴味道、充满真挚情感的明信片，内心一定是愉悦的。可口可乐抓住了受众心理，通过一张小小的明信片激发出人们内心对传统文化的记忆。当亲朋好友收到来自远方的明信片之后，正如可口可乐传递的信念那样：整个冬天都是温暖的。

图 8-21 可口可乐明信片

　　微博线上信息的传播与线下活动举办的营销模式，绝对是企业营销的亮点。在互联网与移动互联网时代，微营销与 O2O 营销兴起，可口可乐正是掌握了这两种营销方式，将微博营销与 O2O 完美结合，打造了企业品牌。

　　2) 在新浪微博平台搭建 APP

　　为了让微博平台覆盖更多的用户群体，可口可乐利用 HTML5 技术，在微博平台上搭建 APP，以此来提高用户的满意度。

　　可口可乐的 APP 平台拥有自动图件生成功能，即用户在发送虚拟祝福时，该功能会自动抓取发信人和收件人的头像，做成 GIF 动画版圣诞贺卡，在微博上发出。

8.3.2　凡客：拥有丰富的微博营销经验

　　作为微博的最早一批广告主，VANCL 在微博营销方面，已经积累了丰富而成熟的经验。如图 8-22 所示为 VANCL 微博首页。

　　在 VANCL 以往的微博活动页面上，常常可以看到各种各样的微博内容和营销活动，比如：

- 给微博用户赠送 VANCL 牌围脖；
- 推出 1 元秒杀原价 888 元衣服的抢购活动；
- 通过赠送礼品的方式，拉来名人与粉丝进行互动；
- 在微博上讲述 VANCL 产品设计师背后的故事。

　　同时，VANCL 还推出了"凡客怒放体"，其主旨和内涵是任何人都渴望"有一个怒放的生命"，这一元素的注入，让 VANCL 的品牌形象变得更加积极向上。

图 8-22　VANCL 微博首页

8.3.3　伊利：用"活力"赢得新浪微博营销

当人们沉浸在世界杯赛事中时，伊利舒化奶开始了自己的精准营销之旅。世界杯期间，微博媒体平台结合如图 8-23 所示的 3 大切入点，深入分析不同行业与世界杯的融合点，最终选择了伊利舒化奶展开深入合作。

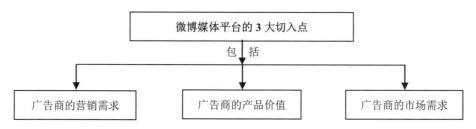

图 8-23　微博媒体平台的 3 大切入点

在此次合作中，伊利舒化奶通过"活力"这一关键词赢得微博媒体平台的青睐。为什么"活力"这个词语能够帮助伊利舒化奶赢得微博媒体平台的青睐呢？原因如图 8-24 所示。

伊利舒化奶与新浪微博展开合作后，在新浪微博的世界杯专区，获得了很不错的效果，相关数据如图 8-25 所示。

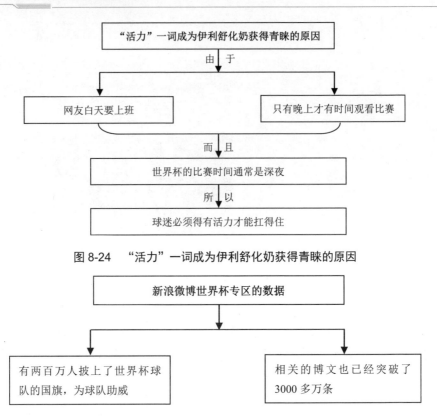

图 8-24　"活力"一词成为伊利舒化奶获得青睐的原因

图 8-25　新浪微博世界杯专区的数据

第 9 章

O2O：让人们尽享线上线下的便利

学前提示

随着社会的发展、互联网技术水平的不断提高，人们的生活发生了翻天覆地的变化。利用互联网，人们可以享受网上购买，网下消费的便利，O2O 营销模式已经成为人们日常生活中离不开的重要消费方式。本章主要探讨互联网品牌的 O2O 营销模式。

```
                                        ┌─────────────────┐
                                     ┌──│   先行了解        │
                                     │  └─────────────────┘
┌─────────────────┐                  │
│ O2O：让人们尽享   │                  │  ┌─────────────────┐
│ 线上线下的便利    │──────────────────┼──│   营销策略        │
└─────────────────┘                  │  └─────────────────┘
                                     │
                                     │  ┌─────────────────┐
                                     └──│   案例分析        │
                                        └─────────────────┘
```

9.1　先行了解

O2O 即 Online To Offline，简称 O2O，是伴随着互联网技术快速发展起来的新型营销模式，这个新型模式涉及众多领域，如图 9-1 所示。

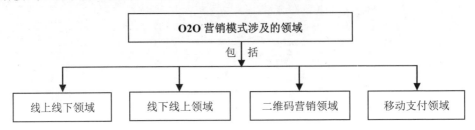

图 9-1　O2O 营销模式涉及的领域

O2O 概念涉及的范围非常广泛，只要产业链中既可涉及线上，又可涉及线下的商业活动，就可通称为 O2O。例如线上营销、线下实体这种经营模式就是 O2O 营销模式，如图 9-2 所示。

图 9-2　线上营销、线下实体的 O2O 营销模式

利用 O2O 模式进行互联网品牌营销，不仅可以强化网络品牌宣传，还可以通过 O2O 模式为人们营造良好线上、线下体验，如今，O2O 营销模式已经无处不在，从各个方面影响着人们的生活。

9.1.1　O2O 营销模式要素和流程

O2O 电子商务模式包含 4 大要素，如图 9-3 所示。

拿团购打比，一个标准 O2O 模式营销流程如图 9-4 所示。

团购的核心就是线上平台通过打折活动、信息咨询、提前预订等方式，将商家的相关信息推送给互联网用户或者移动互联网用户，具备很好的宣传作用。目前，团购涉及的行业范围非常广，如图 9-5 所示。

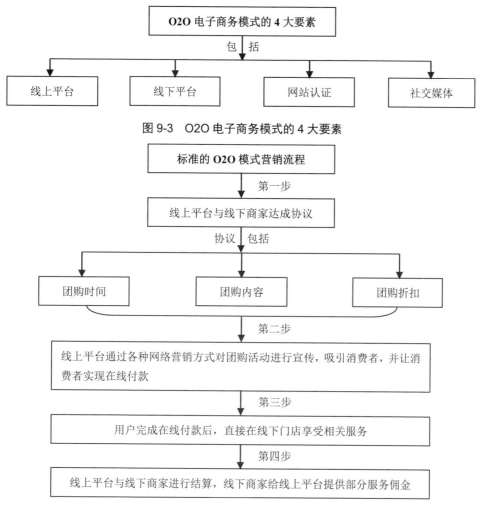

图 9-3　O2O 电子商务模式的 4 大要素

图 9-4　标准的 O2O 模式营销流程

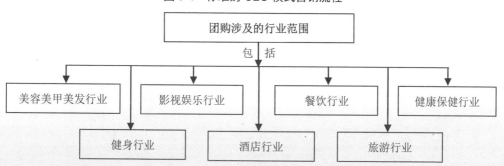

图 9-5　团购涉及的行业范围

9.1.2 O2O 营销特点分析

O2O 模式主要的特点是将线上线下完美结合，对于不同的行业，O2O 模式有着不同的特点，对于不同的市场参与者，O2O 模式的特点也不相同。

1) 对用户而言

对于用户而言，O2O 的主要特点如图 9-6 所示。

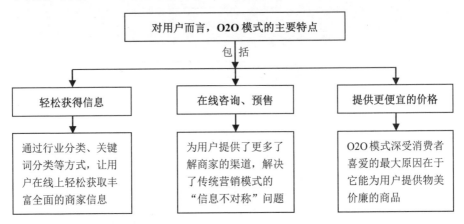

图 9-6　对用户而言，O2O 模式的主要特点

以最典型，也最常见的淘宝网为例，用户打开淘宝网页，在浏览器的左侧，竖着排列着各种商品服务分类。这些分类，为消费者清晰地呈现了商家的商品信息，用户只要选择不同的分类，即可进入商品选择界面，然后浏览到更丰富的商品信息，如图 9-7 所示。

图 9-7　更丰富的商品信息

　　用户只要点击选择自己想要购买的商品，填写订单信息，付款后便可坐等商品到家。如果用户想要对商品信息、售后服务有更多的了解，可以与淘宝的在线客服进行咨询沟通，如图9-8所示。

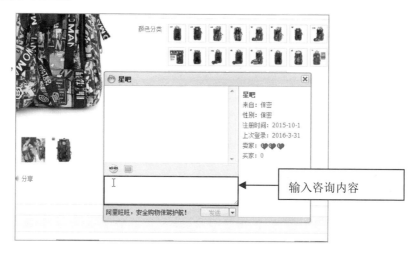

图 9-8　通过淘宝客服咨询商品信息

　　一般来说，淘宝店的商品价格会比实体店便宜 20%左右，并且同一件商品，有着不同的"特价""活动价""优惠会员价"等，在价格方面更有优势，如图9-9所示。

图 9-9　更便宜的商品价格

·专 家 提 醒

　　之所以会这样是因为对于线下实体店需要高额的渠道建设费用，例如拉关系请客户吃饭，门店租金等，而网购平台的营销模式比较简单，省去了很多额外支出，只要在价格上给出更多的优惠，就能维系较高的客户忠诚度。

　　2）对商家而言

　　对商家而言，O2O 的主要特点如图9-10所示。

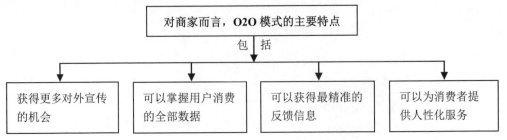

图 9-10 对商家而言，O2O 模式的主要特点

(1) 获得更多对外宣传的机会。O2O 营销工具，让商家能够借助线上平台进行自身产品的推广，相比传统的广告投放、发传单宣传、报纸宣传等方式来说，省去了很多宣传投入成本。

(2) 可以掌握用户消费的全部数据。通过大数据技术，商家能够查询到消费者的消费记录，通过跟踪消费者的交易来了解线上推广的效果，并且可以根据这些数据进行战略调整，以便给用户提供更好的消费服务。

(3) 可以获得最精准的反馈信息。O2O 模式往往会有消费者评价这一项内容，商家可以通过这些评价获得最精准的反馈信息。

(4) 为消费者提供人性化服务。O2O 模式是消费者在互联网或移动互联网上对商家进行选择，然后在线付款、线下体验的一种模式，这样的模式大大减少了消费者的时间成本，所谓"货比三家"，消费者可以直接在线上进行对比，不用跑到线下去看实物。

3) 对平台本身而言

对平台本身而言，O2O 模式有如图 9-11 所示的特点。

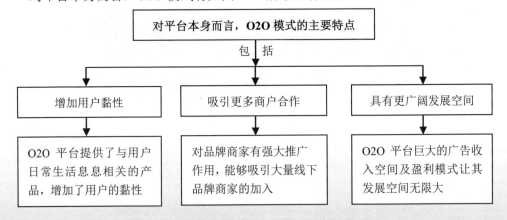

图 9-11 对平台本身而言，O2O 模式的主要特点

9.1.3　O2O 营销的多样化

O2O 营销模式使得信息和实物之间的联系更加紧密，同时也让互联网时代下电子商务网站发展到一个新阶段。团购只是 O2O 模式中的冰山一角，真正的 O2O 营销模式是多元化的，是多种商业消费模式的集合，笔者向读者介绍如图 9-12 所示的集中商业模式。

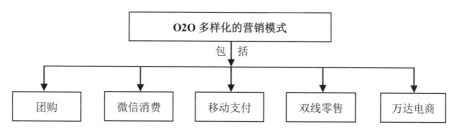

图 9-12　O2O 多样化的营销模式

1）团购

团购是电商市场细分出来的一块，是 O2O 营销方式的代表模式，其主要经营类型为本地生活类服务。团购行业覆盖了人们生活的方方面面，下面着重为读者介绍如图 9-13 所示的 3 方面团购。

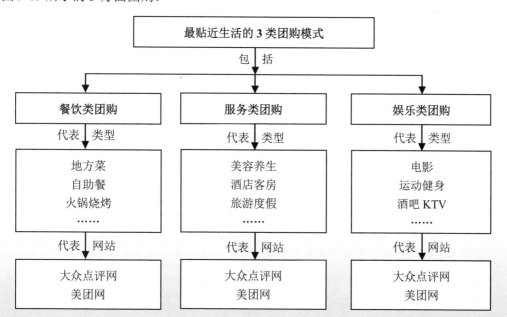

图 9-13　最贴近生活的 3 类团购模式

133

如图 9-14 所示为美团的团购主页和团购详情页,美团为消费者提供了多种类型的团购服务,消费者只需根据自身需求进行选择即可。

图 9-14　美团的团购主页和团购详情页

从覆盖范围来看,团购似乎已经是人们生活服务中非常理想的营销模式,但是就模式而言,团购并非 O2O 模式中最理想的模式,原因如图 9-15 所示。

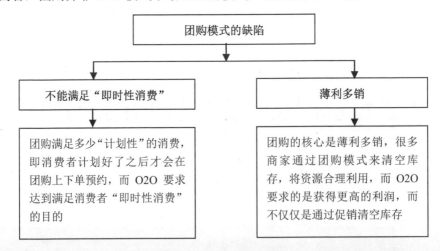

图 9-15　团购模式的缺陷

2) 微信消费

微信与 O2O 之间可谓关系密切,对于 O2O 营销来说,微信的亿万用户是巨大的潜在市场;对商家来说,可以通过微信创建客户关系管理系统;对于用户来讲,通过微信可以实现自身的各种消费需求，便捷又实惠，还可以在好友圈与朋友进行互动，满足突发的即时性消费需求。

3）移动支付

移动互联网已经成为 O2O 模式又一重大载体，本地生活服务已经与移动互联网紧密结合起来，移动支付的巨大潜力让很多商家踊跃加入，抢占市场入口。目前，我国移动支付有如图 9-16 所示的 3 种基本模式。

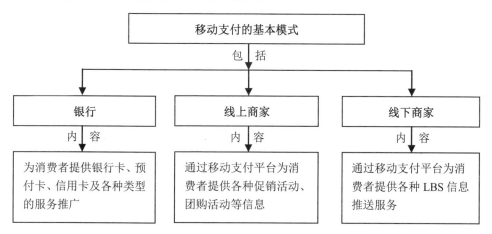

图 9-16　移动支付的基本模式

4）双线零售

O2O 领域的双线零售模式包括如图 9-17 所示的两个方面。

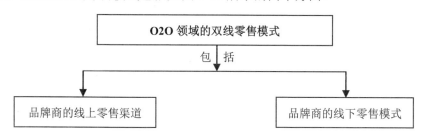

图 9-17　O2O 领域的双线零售模式

目前，在双线零售领域做得最好的要属苏宁易购，其双线同价战略更是获得了全行业的深切关注。同时，苏宁易购还将把运营能力和服务质量作为衡量企业战略的两大核心指标，通过服务体验为消费者提供超过价格之外的增质服务。

5）万达电商

万达集团创立于 1988 年，拥有如图 9-18 所示的 5 大产业。

万达拥有丰厚的零售资源，因此开始进军电商领域，在电商领域，万达的思路主要体现在如图 9-19 所示的两方面。

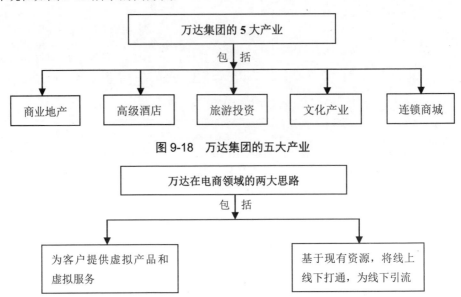

图 9-18　万达集团的五大产业

图 9-19　万达在电商领域的两大思路

　　万达的电商，是一种将线上线下融为一体的电子商务模式，它主要分为如图 9-20 所示的 3 部分。

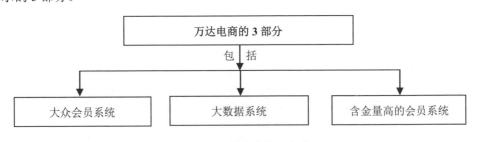

图 9-20　万达电商的 3 部分

9.2　营销策略

　　随着移动互联网的快速发展，O2O 的势头越来越凶猛。从营销层面来讲，O2O 代表着一种营销思维的转变，通过线下与线上的结合为人们带来更多的消费选择，而线下商家与线上信息的融合成为 O2O 营销成功的重要环节。如今，O2O 的营销策略发展得越来越成熟，本节为读者介绍 O2O 的营销策略。

9.2.1　O2O 体验营销策略

O2O 体验营销策略作为一种新的营销方式，正逐步渗透到市场的各个角落。什么是 O2O 体验营销？O2O 体验营销，是指企业通过让顾客在网上虚拟体验产品或服务的方式，提升消费者对品牌的认知，从而促进顾客消费的一种营销方式，传统的体验营销策略主要包括如图 9-21 所示的几种。

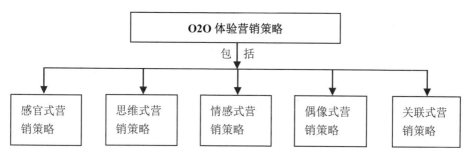

图 9-21　O2O 体验营销策略

下面就这几种体验营销策略进行简单介绍。

1）感官式营销策略

感官式营销策略是指通过听觉、视觉、嗅觉与触觉等感官上的体验，为消费者创造良好的产品服务，从而提升消费者购买动机的一种营销策略。

2）思维式营销策略

思维式的营销策略是指通过启发人们的智力，为消费者提供知识并解决问题从而促进用户消费的一种营销方式，这种营销策略常常被运用在高科技产品的促销活动中。

3）情感式营销策略

情感式营销策略是指在营销过程中，通过一系列的手段为消费者带来情感上的触动，从而激发消费者购买欲的一种营销策略，情感触动可以是欢乐的、温和的、刺激的，核心内容是要触动消费者的内心情感。

4）偶像式营销策略

偶像式营销方式是指通过影视明星、运动明星等偶像人物来激发消费者购买欲望的营销方式。

5）关联式营销策略

关联式营销方式是以上多种营销方式的综合，它适用于化妆品、日常用品、私人交通等领域。

将传统的这几大体验营销策略挪移到网络上，通过某种形式给消费者提供虚拟体验，从而刺激消费者的购买冲动，就是 O2O 体验营销策略的核心。

9.2.2　体验式营销的关键特点

关于体验式营销，品牌企业需要注意如图 9-22 所示的几个关键特点。

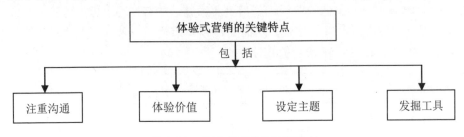

图 9-22　体验式营销的关键特点

1) 注重沟通

品牌企业想要通过线上线下的体验式营销模式进行营销，就需要对目标消费群有一个细致的了解，因为目标消费者的遭遇、经历和生活习惯等都对体验的结果有很大的影响，因此品牌企业应该注重和顾客之间的沟通，从顾客的角度出发，设计体验环节，提升顾客体验效果。

2) 体验价值

体验会给商品创造更大的价值，拿皮包作比方，当皮包被当成"货物"进行销售时，一百块可以买几个；当皮包被包装为"商品"时，一个可以卖两三百元；当其加入了"服务"后，皮包的价格在五六百元左右，有的可以上千元；但如能让皮包为人们提供一种高贵、优雅、奢华的"体验"，那么一个包可以销售上万元甚至十几万元。从这个"价值提升流程"可以看出，好的体验可以为品牌创造价值，这种价值不仅仅体现在经济效益上，还包括品牌的塑造、品牌形象的提升等方面。

3) 设定主题

在体验式营销中，企业首先要设定一个体验主题，因为企业可以为消费者提供的体验方式和体验内容非常丰富，因此企业经营者需要确定一个体验出题，并从该主题出发，展开一系列的策划和活动。在消费者进行体验的过程中，所有的感受都是由专业的运营人员精心策划出来的。

4) 发掘工具

不同的体验，可以选择的营销方法和工具也不同，品牌企业要善于寻找和开发适合企业自身的营销方法和工具，这样才能达到更好的体验营销效果。

9.2.3　O2O 直复营销策略

直复营销，是指通过个性化的沟通媒介向目标消费者传递信息，从而达成交易的一种营销策略，可以直接理解为"直接回应的营销"。

直复营销的最大特点是通过直接通信的方式确保受众的精准性，在移动互联网时代，直复营销不仅确保了目标消费群的精准性，同时也确保了基于 LBS 的地点选择上的精准性，这就意味着商家完全可以实现在特定的地点向特定的消费者发出"购买邀请"的信息。

在 O2O 时代，直复营销分为如图 9-23 所示的类型。

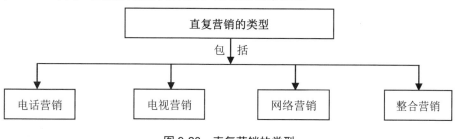

图 9-23　直复营销的类型

下面就这几种直复营销类型进行简单介绍。

1）电话营销

电话营销是指经营者通过电话向顾客提供商品信息与服务，从而促成交易的一种营销方式，电话营销的优势和劣势如图 9-24 所示。

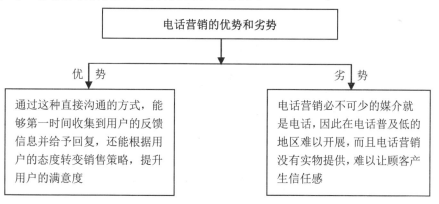

图 9-24　电话营销的优势和劣势

2）电视营销

电视营销是指品牌企业通过电视为顾客介绍产品或提供服务的一种营销方式，因为电视的普及率很高，因此这种营销方式深受品牌企业的喜爱。

电视营销的优势和劣势如图 9-25 所示。

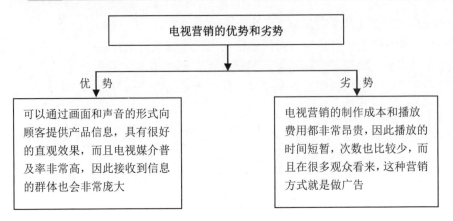

图 9-25　电视营销的优势和劣势

3) 网络营销

网络营销就是指品牌企业通过互联网、移动互联网或其他通信媒体技术开展营销活动、实现营销目标的商业活动，网络营销是社会信息化的必然产物，网络营销是一种营销手段，不是网上营销，也不等同于网站营销。

网络营销的优势和劣势如图 9-26 所示。

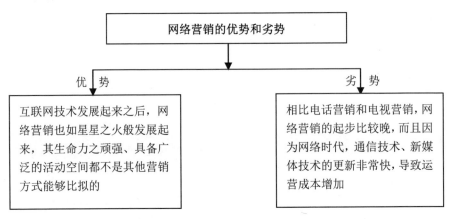

图 9-26　网络营销的优势和劣势

4) 整合营销

整合营销是指将各种网络营销方式进行整合的一种营销方式，这些营销方式包括电视营销、广告营销、网络营销、新闻稿营销等。

整合营销的优势和劣势如图 9-27 所示。

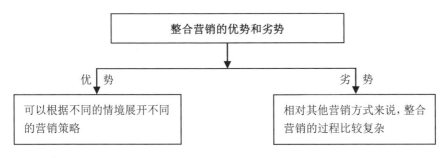

图 9-27　整合营销的优势和劣势

9.2.4　O2O 互动营销策略

O2O 营销的真谛就是"互动"，这不仅是指线上与线下的互动，同时还包括商家与客户的互动。在 O2O 互动营销过程中，为了让互动达到更好的效果，拉近企业与消费者之间的距离，提高消费者咨询的积极性，将潜在用户转变成真正的目标用户，企业就要在互动营销上多下功夫，和顾客使用同样的沟通工具进行交流是解决这个问题的捷径之一。

目前，消费者常用的三大主流沟通工具如图 9-28 所示。

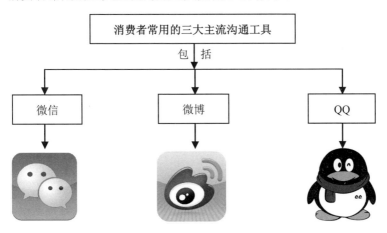

图 9-28　消费者常用的三大主流沟通工具

在这个"以人为本"的个性化营销时代，用户的数量就意味着销量，因此，品牌企业要注重潜在用户的数量，而通过主流沟通工具与用户进行互动，获得并稳定用户数量就是一个非常不错的方法。

同时，不同的沟通工具，其主流用户群体不一样，如果品牌企业的目标群体以年轻人为主，那么首选的互动营销工具就是微信。根据调查显示，微信、微博的用户群体在年龄层次上有着很大的差异，总体而言，微信的年轻用户占比要比微博年轻用户的占比高，如图 9-29 所示。

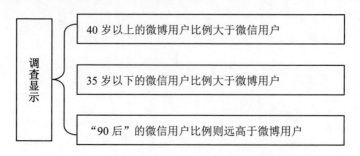

图 9-29　微信、微博用户年龄层次调查显示结果

　　如果企业从年龄层次上选择好互动工具，那么接下来就要从性别上分析用户对互动内容的偏好，和男性相比较而言，女性用户关注的社会化媒体内容更趋近于生活化一些，如图 9-30 所示。

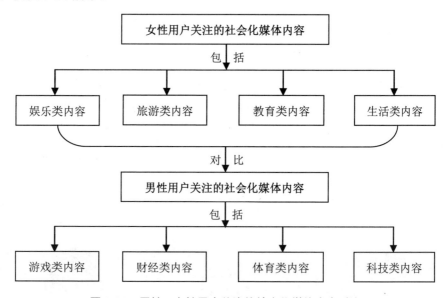

图 9-30　男性、女性用户关注的社会化媒体内容对比

　　选择好沟通工具和确定互动内容后，企业要做的就是付诸实际行动。通过互动，企业才能了解消费者更多的需求，才会做出让消费者更满意的产品，才能更好地为消费者提供服务。

9.3　案例分析

　　移动互联网时代的到来，为 O2O 提供了绝佳的发展机遇。作为未来电子商务发展的主要模式之一，O2O 的应用范围十分广泛。针对不同的行业，不同的服务，O2O

可以有不同的实现方式。本节向读者介绍几个优秀的 O2O 营销案例，给品牌企业提供参考。

9.3.1　天猫：O2O 汽车租赁业务

在电子商务模式中，天猫是典型的 B2C 模式，即直接面向消费者销售产品和服务的商务平台。从几年前开始，天猫就开始进军汽车 O2O 租赁业务，用户只要打开天猫网页，在搜索栏中输入关键词"汽车租赁"，就可以检索到相关的产品销售，汽车日租的价格从数十元到上千元不等，如图 9-31 所示。

图 9-31　天猫汽车租赁业务

O2O 模式，通过线上付款，线下体验的模式，将线下商家与互联网结合在一起，让互联网成为线下交易前台。

互联网与汽车服务链条结合后，天猫汽车租赁业务具备如图 9-32 所示的优势。

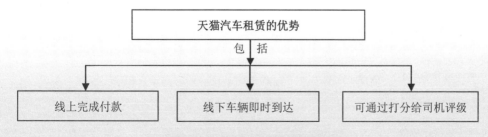

图 9-32　天猫汽车租赁的优势

9.3.2 大众点评网：O2O 推广模式

创建于 2003 年 4 月的大众点评网，是全球最早的独立第三方消费点评网站之一，如图 9-33 所示为大众点评的官网首页。

图 9-33 大众点评官网首页

大众点评不仅为网友提供各种消费信息服务和优惠服务，还为一些中小商户提供精准营销解决方案，帮助商户进行推广，主要推广模式如图 9-34 所示。

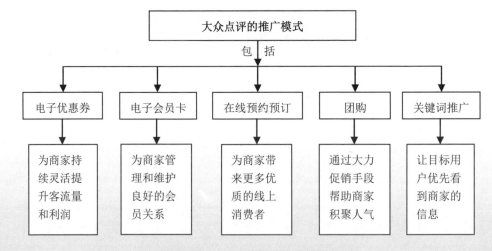

图 9-34 大众点评的推广模式

关于大众点评网的在线预约预订与团购推广模式，相信大家已经耳熟能详了，本节不再赘述，下面笔者重点对其他三种推广模式进行介绍。

1) 电子优惠券

大众点评优惠券有 3 个特点，如图 9-35 所示。

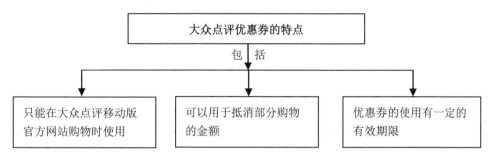

图 9-35　大众点评优惠券的特点

2) 电子会员卡

电子会员卡是在大众点评历经了早期的失败而诞生的，早在 2005 年 5 月，大众点评网就推出了会员卡，然而发出去的会员卡使用率仅为 1%，因此大众点评开始想其他的办法将用户和商家进行连接，最后，"电子会员卡"就诞生了。

3) 关键词推广

一般情况下，大众点评网的"关键词推广"产品通常和电子优惠券一起打包出售给商家。"关键词推广"主要有如图 9-36 所示的 3 大功能。

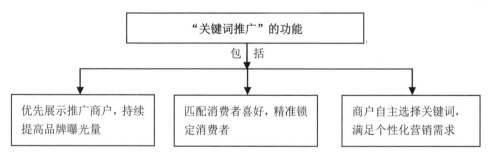

图 9-36　"关键词推广"的功能

9.3.3　"饿了么"：实现 O2O 闭环

"饿了么"是国内快餐外卖市场份额最大的外卖平台，如图 9-37 所示为"饿了么"网上订餐官网首页。

图 9-37 "饿了么"订餐网站首页

在中国外卖行业竞争激烈的趋势下，"饿了么"利用自身优势，率先实现了 O2O 闭环。下面为读者介绍"饿了么"的盈利方式以及优势与发展瓶颈。

1）盈利方式

因为"饿了么"网站建立初期，其主要合作对象为上海交通大学，因此其主要的盈利是：根据订单收入总额按一定比例收取提成。这种盈利方式的优点和缺点如图 9-38 所示。

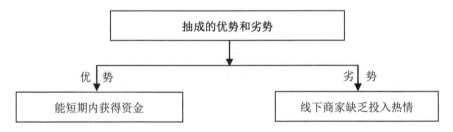

图 9-38 抽成的优势和劣势

后来，"饿了么"通过调整改变了盈利方式，主要有以下的两种途径：商家入驻平台费用以及竞位排名展示。具体介绍如图 9-39 所示。

"饿了么"的成本支出主要表现在两个方面：人力成本和线下推广成本，相关介绍如图 9-40 所示。

•专家提醒

目前的"饿了么"已经可以在线支付，通过"饿了么"的支付架构，用户可以用支付宝付款，餐厅也在这套系统中进行结算，也就实现了 O2O 闭环。

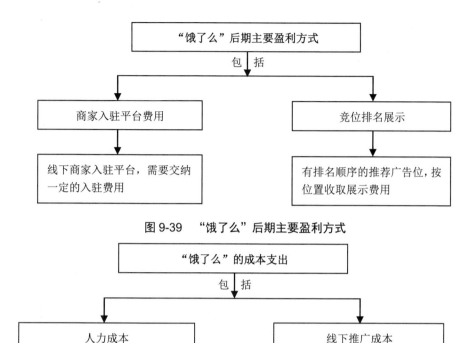

图 9-39　"饿了么"后期主要盈利方式

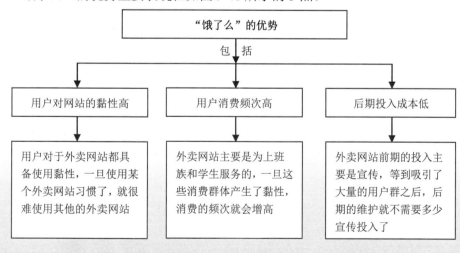

图 9-40　"饿了么"的成本支出

2）优势

"饿了么"的优势主要表现在如图 9-41 所示的 3 点。

图 9-41　"饿了么"的优势

147

3) 发展瓶颈

"饿了么"的发展有如图 9-42 所示的几大瓶颈。

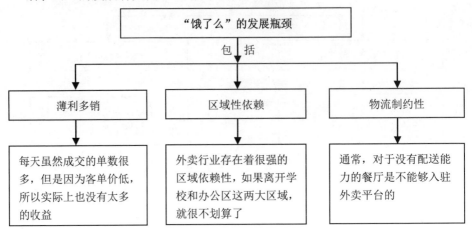

图 9-42 "饿了么"的发展瓶颈

第 10 章

移动 APP：移动互联网时代的
品牌营销革命

学前
提示

在互联网时代，APP 的影响已经涉及各个方面，而没有
APP 营销的助力，企业就无法快速扩大其影响力，实现销售
目标。本章主要探讨品牌企业 APP 的相关内容和营销策略。

先行了解

移动 APP：移动
互联网时代的品
牌营销革命

营销策略

案例分析

10.1　先行了解

属于 APP 的营销时代已经到来，品牌企业在新环境下的营销变革已经成为必然趋势，对于品牌企业而言，首先需要对 APP 本身的概念有一定的理解，也就是深入认识"什么是 APP"。下面对 APP 应用的相关理论内容进行图解分析，具体的内容如图 10-1 所示。

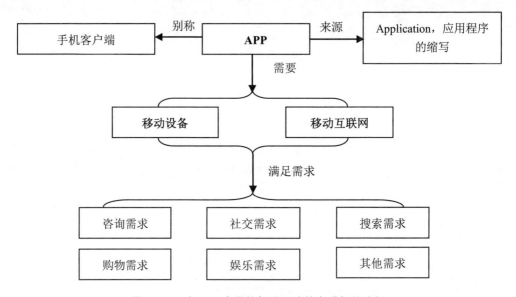

图 10-1　对 APP 应用的相关理论信息进行的分析

•专 家 提 醒

APP 广泛应用于各行各业，但凡有营销需求的企业就能够利用 APP 去更快速、更便捷、更优质地服务用户。

10.1.1　移动互联网时代的 APP

APP 的发展离不开移动互联网的支持，尤其是 4G 时代的开启，以及移动终端设备的影响力提升，进一步为移动互联网的发展注入了巨大的能量，从而带动了 APP 的迅速更新与普及狂潮。

如今，移动互联网已经渗透到人们生活、工作的各个领域，了解移动互联网的应用，对品牌企业开发 APP 有一定的指导意义，如图 10-2 所示，为部分常见的移动互联网应用。

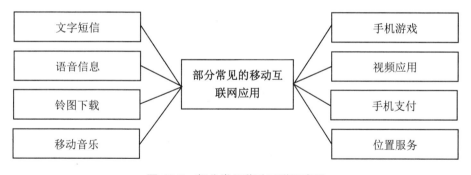

图 10-2　部分常见移动互联网应用

10.1.2　APP 的运营推广分析

对于品牌企业来说，APP 的开发并不容易，尤其是体现独特创意的应用，但是比开发更难的是后续的运营和推广。对于品牌企业 APP 而言，有 4 个方面是运营推广中必须做到的，相关内容分析如图 10-3 所示。

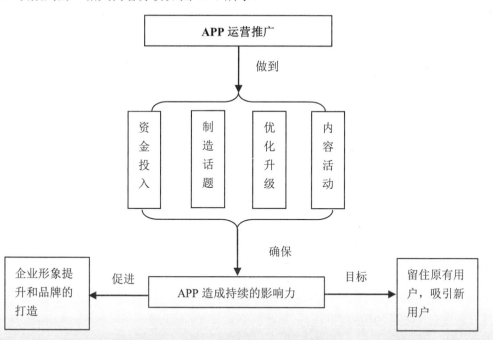

图 10-3　APP 运营推广的相关内容分析

从运营分工和种类出发，可以对 APP 相关的工作进行细化，目前来说，主要有 5 种 APP 运营模式可供采用，内容如图 10-4 所示。

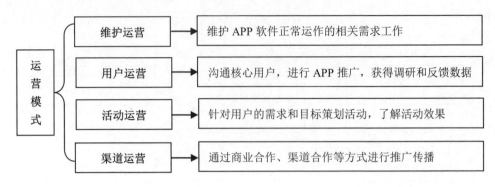

图 10-4　APP 运营模式

10.1.3　品牌企业 APP 设计技巧

移动互联网中 APP 用户规模极其庞大，其创造的影响力直接作用于品牌企业的整个产业体系，从这里可以看出，APP 的巨大商业价值主要体现在为品牌企业提供大量的用户资源。因此，无论是现在还是未来，企业都会把 APP 作为产品营销的重要战场。

企业开发移动客户端，需要打造好 APP 的运营、APP 的推广和 APP 的营销，直接目的的主要体现在：为用户提供咨询服务、提升用户的转化率和为品牌企业实现精准营销。用图解展示如图 10-5 所示。

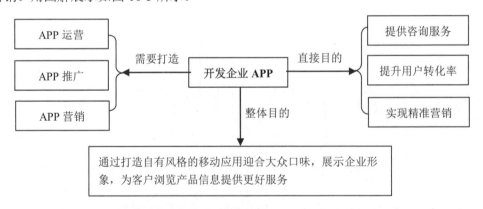

图 10-5　开发企业 APP 的相关介绍

无论企业开发移动客户端的目标是什么，了解 APP 的设计技巧永远是品牌企业 APP 走向成功的第一步。随着 APP 应用软件的发展，目前网络上涌现出了很多实用的设计技巧，现着重介绍以下几种。

1) 特色模糊背景

模糊背景也被称为"背景虚化"，这种设计方式在 APP 的设计中十分常见。

模糊背景主要有整体背景模糊设计和局部背景模糊设计两种方式，其具体的作用如图 10-6 所示。

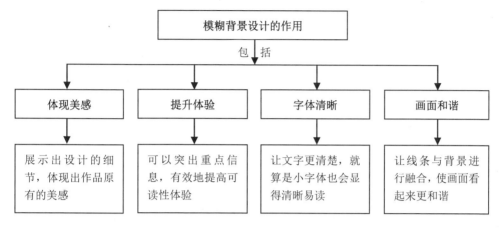

图 10-6 模糊背景设计的作用

模糊背景模式常常被运用在 APP 的登录界面，主要用来突出登录界面的形象，如图 10-7 所示。

图 10-7 APP 登录界面的模糊背景

·专家提醒

　　在部分 APP 中，除了登录界面使用模糊背景之外，也会在软件功能界面采用模糊背景的模式来突出文字内容，但这种模式主要应用在部分功能简单，或者表现形式简单的软件上。功能较复杂的 APP 不宜采用。

2) 采用滚动模式

在 APP 中，由于手机界面的局限性，往往只能展示一部分内容，所以在设计 APP 时，设计人员可以借鉴 PC 端的模式，增加界面滚动的功能，将更多内容通过界面滚动方式展现出来。

界面滚动功能的主要表现形式包括：功能按钮形式、功能指针形式以及滚动条形式。其滚动的形式包括：特定手势、手指滑动以及手指点击等形式。相关内容分析如图 10-8 所示。

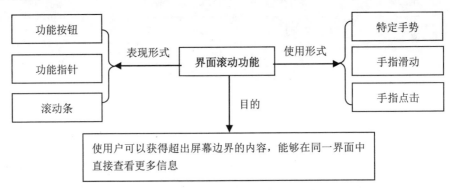

图 10-8　界面滚动功能模式的分析

3) 采用醒目字体

在利于 APP 吸引用户的注意力方面，醒目突出的字体无疑是非常实用的，其效果仅次于画面带来的直接冲击感，醒目字体设计的相关内容分析如图 10-9 所示。

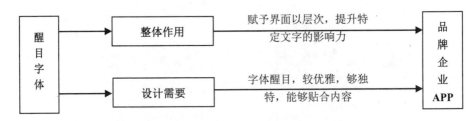

图 10-9　醒目字体设计的相关内容分析

•专家提醒

　　醒目字体可以直接应用于 APP 软件的界面设计中，也可以广泛使用于 APP 宣传海报中，应根据不同的需求而定。

4) 搭配简单色调

简约的模式已经成为 APP 设计的一种流行理念，相比于过去闪烁的霓虹色之类的搭配，整洁而干净的设计更能够获得用户的欢心。在 APP 设计中的配色上，主要有 3 种配色技巧可供选择，如图 10-10 所示。

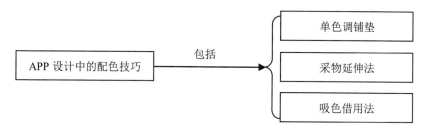

图 10-10　APP 设计中的配色技巧

在 APP 的设计中，选择统一的色系能够给用户留下深刻的印象，但是太过于单调也会影响美观程度。因此，一般情况下，为了防止过于单调，会通过一些小面积的辅助色来提升界面的层次感，这就是单色调铺垫法。

采物延伸法主要是指采用画面内物体的色彩作为配色的基础，并将这种色彩延伸至整个画面的一种方法。

吸色借用法主要是指将别人的优秀作品中的色彩用于自己的设计稿中。这种方式门槛很低，实用性较强，往往用于局部的色彩设计。

5) 高质量分辨率

分辨率分类显示分辨率与图像分辨率，APP 设计中所说的分辨率主要是指图像本身的分辨率，高质量的分辨率能够提升图片的清晰度，给用户带来更好的体验。

10.1.4　品牌企业 APP 发展前景

APP 营销的发展前景十分广阔，尤其是随着智能化趋势的进一步发展，未来大众对于 APP 的需求会更大。从品牌企业 APP 的角度出发，APP 营销的前景主要体现在 4 个方面：适用环境更广、使用体验更好、用户规模更大以及支付更加便捷。下面从这个 4 个方面进行介绍。

1) 适用环境更广

对于品牌企业而言，为了让企业在庞大的竞争群体中脱颖而出，找到一个切入口作为 APP 的特色，已经成为一种主流趋势。移动互联网的进步也促使 APP 的规模快速扩大，APP 软件在内容上会有更丰富和多元化的体现，尤其是对于衣食住行等与大众密切相关的领域而言，内容垂直化趋势已经有目共睹。

2) 使用体验更好

APP 之所以能够快速发展，获得大众的认可，主要是因为移动 APP 与传统的互联网产品存在着一定的区别。在用户的使用体验方面，APP 有着明显的优势，主要集中于 3 个方面，如图 10-11 所示。

3) 用户规模更大

APP 的潜力，在于其用户数量的规模庞大，根据 2016 年 2 月的易观智库数据显示，国内移动 APP 的活跃用户数量超过 2 亿的就有 4 个，分别是微信、QQ、手机百度和淘宝，其中微信用户已经达到 6.4 亿。

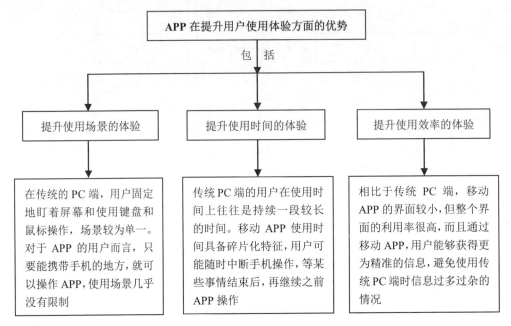

图 10-11　APP 在提升用户使用体验方面的优势

在传统的 PC 端，一个商业企业的网站上活跃用户数量达到 1 亿是完全不可能的事情，而 APP 通过极其便利的操作方式吸引用户的使用，从而创造了庞大的用户规模，进而产生了极大的营销潜力。

4）支付更加便捷

随着智能手机的普及，在线支付方式开始逐渐流行，渐渐成为年轻人的主流支付方式，关于在线支付的相关内容分析如图 10-12 所示。

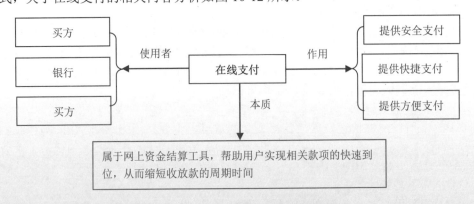

图 10-12　关于在线支付的相关内容分析

对于用户而言，可以在 APP 软件中使用在线支付的方式，来完成相关款项的支付。目前 APP 软件支持的支付产品有很多种，其中影响力较广泛的 10 种如图 10-13 所示。

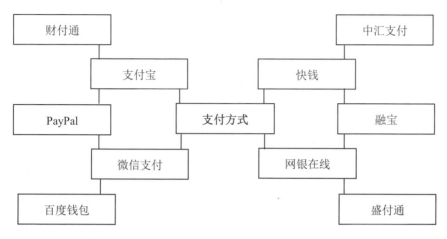

图 10-13　APP 软件支持的支付产品

10.2　营销策略

APP 营销是一种新兴的营销方式。APP 的营销既有传统营销的方式，也有互联网时代新型的营销方式，本节为读者介绍品牌企业 APP 营销策略。

10.2.1　活动营销

活动营销是指整合相关的资源，策划相关的活动，从而卖出产品，提升企业形象和品牌知名度的一种营销方式。在 APP 客户端推出的营销活动，能够提升客户的依赖度和忠诚度，有利于培养核心用户。

在 APP 上常见的以营销为目标的活动，主要有如图 10-14 所示的几个种类。

图 10-14　APP 营销活动的种类

关于 APP 的营销活动分为两种，一种是直接面向 APP 用户的线上 APP 推出的相关营销活动，还有一种营销方式是通过线下活动引流的方式进行营销。

10.2.2　广告营销

广告营销是指在 APP 上投放广告的一种营销方式，广告营销是企业营销组合中的一个重要组成部分，因为在目前的市场环境下，没有广告营销，企业就无法达成目标。在 APP 上投放广告主要有如图 10-15 所示的 4 个特点。

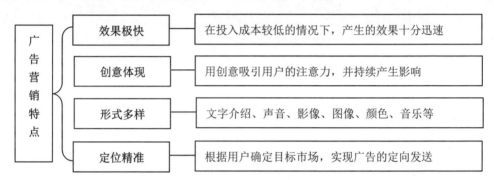

图 10-15　APP 上进行广告营销的特点

10.2.3　精准营销

精准营销是指借助大数据的分析能力，将用户群体按照一定的分类方式进行分类，从而使产品进行针对性投放的营销方式。

从 APP 的角度而言，移动客户端主要依靠的就是用户流量，而用户流量的网络表现就是数据，所以 APP 与大数据是紧密相连的。

大数据的出现影响了市场的环境，也促使 APP 进行了相应改革，相关分析如图 10-16 所示。

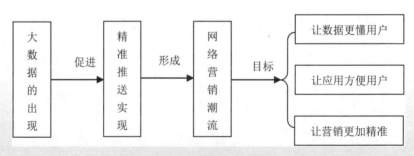

图 10-16　关于大数据的相关分析

在实际的应用中，大数据的分析功能至关重要。以好友美食 APP 为例，其 APP

的设计以 6000 万新浪微博账号提供的美食数据为基础，从而确定 APP 的功能就是为用户提供美食分析。

除此之外，还有的 APP 就是直接展示大数据相关的分析结果，便于用户迅速获取信息。以安居客 APP 为例，用户可以在安居客 APP 界面看到所在城市房价的最新均价和历史走势等数据，这些数据均来自于 APP 上注册经纪人提供的实时数据。

10.2.4 借力营销

借力营销属于一种合作共赢的营销模式，主要是指借助外力或别人的优势资源，来实现自身的目标或者达到相关的效果。比如在产品的销售过程中存在自身无法完成的工作，但是别的企业擅长于这一方面的工作，就可以两者合作，共同达成将产品销售出去的目标。

在 APP 营销中，主要可以借力于 3 个方面的内容。

- 品牌的借力：借助其他知名品牌，快速提升自身的知名度和影响力；
- 用户的借力：借助其他渠道的用户群体，宣传自身的产品；
- 渠道的借力：借助其他企业擅长的渠道领域，节省资源打造共赢。

10.2.5 口碑营销

在互联网时代，APP 的口碑营销主要是通过 APP 的产品形成良好的网络口碑，进而连接线下，共同打造产品营销的效果。

常见的口碑营销方式主要有如图 10-17 所示的 3 种。

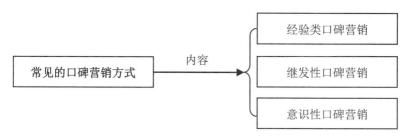

图 10-17 常见的口碑营销方式

1) 经验类口碑营销

经验类口碑营销主要是从用户的使用经验入手，通过用户的评论让其他用户认可产品，从而产生营销效果。

2) 继发性口碑营销

继发性口碑营销是指 APP 用户直接在 APP 上了解相关的信息或宣传，从而逐步形成的口碑效应，这种口碑往往来源于 APP 或其他渠道上的相关广告。

3) 意识性口碑营销

意识性口碑营销，主要是由名人效应延伸出的产品口碑营销，往往由名人的名气决定营销效果，同时明星的粉丝群体也会进一步提升产品的形象，打造产品品牌。

10.2.6　整合营销

品牌企业的 APP 整合营销有很多种，这里着重介绍两种："APP、微博整合营销"和"APP、微信整合营销"。

1) APP、微博整合营销

"APP、微博整合营销"是指企业在微博上通过一系列的手段将人气引流至 APP，引流的方式主要有两种。

● 展示位展示相关信息；

● 在微博内容中提及 APP。

如图 10-18 所示，在春雨医生官方微博上对春雨医生 APP 的图片宣传。用户只要拿手机轻轻一扫，就能下载春雨医生 APP。

图 10-18　春雨医生官方微博上对企业 APP 的图片宣传

更为常见的就是在微博内容中提及 APP，诱使用户对 APP 进行下载。

2) APP、微信整合营销

通过微信扫描二维码让用户下载 APP 是常见的微信合作营销方式，如图 10-19 所示，为欧乐-B 牙刷企业的 APP 下载界面。

在微信公众平台上通过文章或者推送的信息，对相关的 APP 进行介绍，也是合作营销的一种方式，通过引流更好地推动 APP 的营销效果。在微信朋友圈中，微信同样可以通过文字信息、活动图片等方式引导用户去下载 APP。

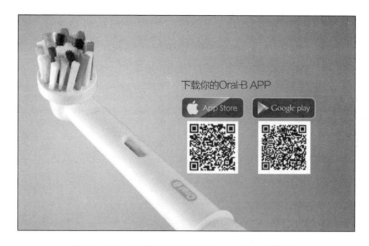

图 10-19　欧乐-B 牙刷企业 APP 的下载界面

10.2.7　饥饿营销

　　饥饿营销属于一种常见的营销战略，但是需要产品有一定的真实价值，并且品牌在大众中有一定的影响力。关于饥饿营销的相关分析如图 10-20 所示。

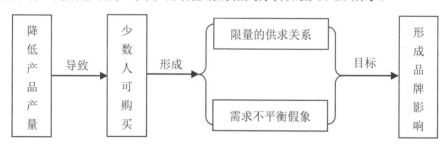

图 10-20　关于饥饿营销的相关分析

　　在 APP 营销中，饥饿营销运用得当产生的良好效果是很明显的，对产品的长期发展十分有利。但并不是所有产品都可以运用饥饿营销，一般采用饥饿营销的产品需要满足如图 10-21 所示的 3 个因素。

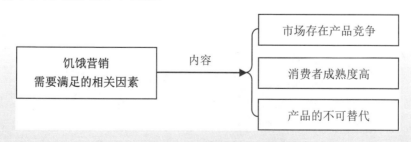

图 10-21　饥饿营销需要满足的因素

需要注意的是，在各个行业中都能够采用饥饿营销，以滴滴出行 APP 为例，其推出活动发放优惠券，通过优惠券数量有限和时间有限的方式打造饥饿营销，从而促使大众使用滴滴出行 APP。

10.2.8 内容营销

微信 APP 之所以影响力广泛，在于平台上用户自产的内容与互动的内容成为 APP 的主体，这种内容让用户有了长期使用的动力。要想提升 APP 用户的活跃度，主要还是从内容出发，通过内容的展示来吸引用户的长期支持。

APP 传播的内容直接影响用户对于 APP 的认可程度，适当的内容表现技巧能够更有利地促进 APP 影响力的提升，相关技巧主要分为如图 10-22 所示的 3 个方面。

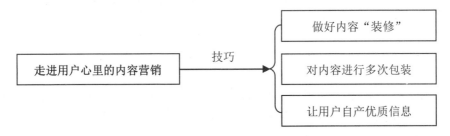

图 10-22　走进用户心里的内容营销技巧

1) 做好内容"装修"

对于 APP 而言，内容"装修"的第一步就是对启动页的内容进行处理。如图 10-23 所示，为 APP 启动页设计中的部分精品案例。

图 10-23　APP 启动页设计中的部分精品案例

APP 的启动页在作用上主要是为了让 APP 启动有一定的缓冲时间，为之后用户的流畅使用提供保证。随着 APP 市场的发展，大众对于 APP 的要求提升，启动页也逐渐成为 APP 获得用户认可的一个标志，从设计的角度出发，主要有如图 10-24 所示的 3 个方面要求。

当用户点击 APP，经过启动页进入 APP 的内部内容时，首页导航就成为用户的第一关注重点，所以把首页装扮好、把首页导航设置好也是重要的"装修"内容。需要注意的是，并不是所有的 APP 都需要首页导航，一般在 APP 内容较多的情况下，使用首页导航能够更清晰地将内容表现出来。

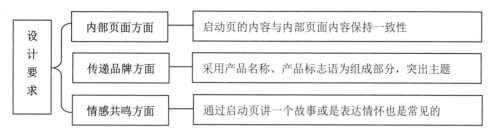

图 10-24　APP 启动页的设计要求

除了 APP 形式上的"装修"之外，还有就是内容上的"装修"，这些内容往往与 APP 的用户定位、市场定位和内容定位相关。比如在母婴类的 APP 中，发布的相关内容应该是与母婴相关的。

2) 对内容进行多次包装

对 APP 内容的多次包装，主要目的在于提升用户的活跃度，促使用户进行评论或者交流。以美食类 APP 内容为例，往往通过精美图片或美食攻略来吸引用户主动进行交流，如图 10-25 所示。

图 10-25　通过精美图片吸引用户主动交流

除了对这种以分享为主的信息交流进行推荐之外，APP 能够做的包装还包括对话题帖子或者攻略文章进行推广。

3) 让用户自产优质产品

在内容包装方面，对 APP 上的优质内容和帖子整理好，通过置顶或加标签的形式让更多的用户参与其中，这也是体现 APP 内容全面性的一个重要方面。

在运营化阶段中，APP 首先是向用户展示优质内容，并通过优质内容打造平台优势，一般分为如图 10-26 所示的几种方式。

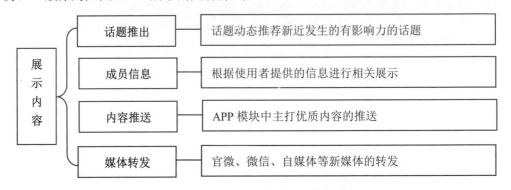

图 10-26　APP 向用户展示优质内容的方式

当用户数量足够多时，为了 APP 的长期发展，以及优质信息的打造，就需要让用户自产优质信息。为了调动用户的积极性，可以适当地给予奖励，比如积分兑换和头衔荣誉等。

在用户自产优质信息方面，豆瓣 APP 非常值得借鉴，它提出的口号就是让新用户获得 8800 万豆瓣注册用户客观、真实、真诚的评分与评论，也就是通过用户的优质信息来打造品牌。

10.3　案例分析

手机 APP 营销引爆了互联网品牌营销热潮，利用客户端扩大企业的知名度，以及进行网络零售是企业 APP 最为重要的作用，本节将为大家介绍几个 APP 品牌营销案例。

10.3.1　优衣库 APP 案例

优衣库 APP 属于迅销公司，为日本的零售控股公司，目前总公司打造的品牌除了优衣库，还有 ASPESI、Foot Park 等，是一个以零售商品为主要方式，通过不同特色共同发展的模式来扩大规模的国际大型企业。如图 10-27 所示，为优衣库的线下实体店铺门面。

图 10-27　优衣库的线下实体店铺门面

　　优衣库的目标是为各个年龄层的消费者提供时尚、优质和价格公道的休闲服装，其产品款式新颖，并且质地细腻，深受大众的喜欢。

　　在互联网时代，优衣库公司也拓展了 O2O 的新型营销模式。为了实现 O2O 模式，优衣库推出了手机 APP 客户端，并与实体店铺制订了线上线下同价的策略。具体内容包括两个方面，如图 10-28 所示。

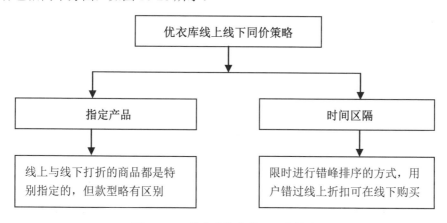

图 10-28　优衣库线上线下同价策略

　　在 APP 上，优衣库公司会不定时地推出不同类型的活动，比如常见的指定产品进行打折的活动，这类产品与实体店铺的产品在款型上略有区别，但是大体上类似。用户可以通过 APP 抢先购买，如果错过了线上折扣，也可以等到线下实体店铺推出类似活动时再购买。

　　优衣库 APP 主要是通过线上活动展示商品的方式，来进行产品的预售和宣传，也是进一步提升了 APP 的影响力。

10.3.2　京致衣橱 APP 案例

京致衣橱 APP 在 2015 年 5 月由京东推出，隶属于北京京东世纪贸易有限公司，定位为时尚电商 APP。用户群体以年轻时尚的都市潮流人群为主，APP 的功能集中于如图 10-29 所示的 4 个方面。

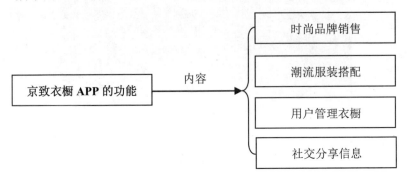

图 10-29　京致衣橱 APP 的功能

在互联网时代，网络社交是至关重要的内容，尤其是用户之间分享信息、进行交流等。京致衣橱 APP 顺势推出了圈子功能，用户可以通过 APP 平台参与热门话题的讨论，或者关注其他用户。

京致衣橱 APP 与其他同类型 APP 相比，其主要特色就在于用户可以通过 APP 特价购买国外商品。而且 APP 推出的全球购功能主要以京东商城的资源为核心，在京东商城上，已经有依恋、万宝龙、百富、圣康尼、迪桑娜等国际品牌相继入驻，京东服装类的知名品牌的商品数量已经占比达到 60%以上。

同时，京致衣橱 APP 不单单是由京东开发的，而是由京东和微信合作推出的。早在 2014 年 5 月份，微信就曾在"发现"界面直接开通了购物入口，微信用户能够直接进入京东商城，微信将此作为微信支付的重要宣传渠道。

在京致衣橱 APP 上，微信团队为它打造的便捷支付是其他同类型 APP 所不具备的，用户只需一步即可完成支付。

第 11 章

大数据：互联网时代的精准品牌营销

学前提示

　　互联网时代所有的行为、所有的声音都被记录下来，产生了大量的数据，在这些数据基础上利用新处理模式形成的信息资产是移动大数据的主要内容。本章主要探讨品牌企业大数据的相关内容和营销策略。

```
                          ┌──────────────────┐
                       ┌──│  先行了解          │
                       │  └──────────────────┘
┌──────────────┐       │
│ 大数据：互联网  │       │  ┌──────────────────┐
│ 时代的精准品牌  │───────┼──│  营销策略          │
│ 营销          │       │  └──────────────────┘
└──────────────┘       │
                       │  ┌──────────────────┐
                       └──│  案例分析          │
                          └──────────────────┘
```

11.1 先行了解

大数据是一个修辞学意义上的词汇。何谓"大"数据？它有着 4 个层面的含义，如图 11-1 所示。

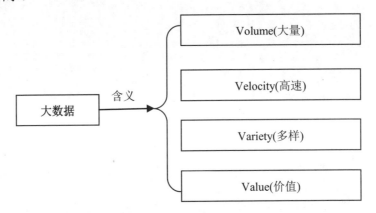

图 11-1 大数据的含义

在数据方面，"大"(big)是一个大量、快速发展的术语，因而其自身的发展变化所引起的社会竞争的激烈化也就显而易见了，其中，越来越多的品牌企业参与到大数据的竞争中来就是其表现之一。

在当前的形势下，了解大数据的相关知识很有必要，下面，笔者将从大数据、移动大数据、大数据下的移动互联网营销、块数据等几个方面介绍大数据，让品牌企业对大数据有个先行了解。

11.1.1 互联网时代的大数据

大数据谓之"大"，是纵向演变、发展和横向累积的结果，如图 11-2 所示。

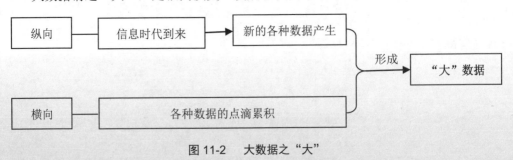

图 11-2 大数据之"大"

由上图可知，大数据的出现和技术处理是大势所趋，它是其自身与外界发展变化的产物。自然，它也有一个产生发展的过程，如表 11-1 所示。

表 11-1　大数据产生的历史背景

时　间	人物/机构	事　件
1890 年	[美]赫尔曼·霍尔瑞斯	发明了一台用于读取数据的电动器，由此引发了全球范围内的数据处理新纪元
1961 年	美国国家安全局(NSA)	采用计算机自动收集、处理超量的信号情报，并对积压的模拟磁盘信息进行数字化处理
1997 年	[美]迈克尔·考克斯和大卫·埃尔斯	他们提出了"大数据问题"，认为超级计算机生成大量不能被处理和可视化的信息，超出各类存储器的承载能力。这是人类史上第一次使用"大数据"这个词
2009 年 1 月	印度身份识别管理局	扫描 12 亿人的指纹、照片及虹膜，分配 12 位的数字 ID 号码，并将这一数据汇集到生物识别数据库中
2009 年 5 月	data.gov 网站	该网站拥有超过 4.45 万的数据量集，利用网站和智能手机应用程序，实现对航班、产品召回、特定区域内失业率等信息的跟踪
2011 年 2 月	IBM	在智力竞赛节目中，其沃森计算机系统打败了人类挑战者，被称为一个"大数据计算的胜利"

随着 TI 产业迅速发展，在新兴的 IT 供应商主导下，已有的计算机规范被重新定义，于是引起了以云计算、物联网为代表的新技术变革，大数据也是如此。

数据量的暴增是大数据产生的前提，而全球智能手机和移动设备激增是数据量爆炸的一个重要原因，如图 11-3 所示。

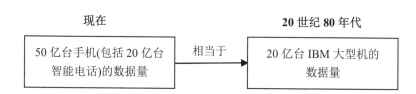

图 11-3　数据量对比

由上图可以看出，数据处于迅速增长趋势下，笔者认为，在这种社会基础上，在以"一切都被记录，一切都被数字化"为核心理念的数据化的发展趋势下，"大数据"应运而生，如图 11-4 所示。

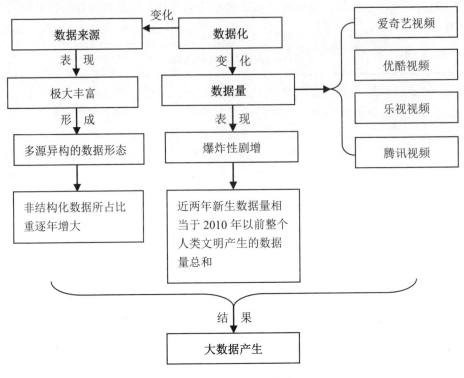

图 11-4　大数据的产生

11.1.2　大数据的主要特征

所谓"大数据"，即大量的、海量的数据，这一定义主要是从数据量的多寡来说的。这从另一方面说明了大数据最重要的一个特征——数据体量庞大。在我们日常接触的存储产品中，其所用来计算的一般都用 EB、GB 或 TB 级别来表示，而大数据直接从 TB 级别跃升到了 PB、EB 级别甚至 ZB 级别。

•专 家 提 醒

数据基本单位换算：
1YB=1024ZB;
1ZB(Zettabyte) = 1024EB;
1EB(Exabyte) = 1024PB;
1PB(Petabyte) = 1024TB;
1TB(Trillionbyte) = 1024GB;
1GB(Gigabyte) = 1024MB;
等等。

由此可见，目前的数据量是一个多么庞大的数字和单位呈现，其数据体量庞大的特征由此可见一斑。截至目前，人类历史上所生产的印刷材料的数据体量已有200PB，人类说过的话的数据量为5EB左右。

其实，大数据的特征除了其数据大量(Volume)外，还可以从其多样(Variety)、价值(Value)、高速(Velocity)方面来说，总称为"4V"特征。

从数据类型方面上，大数据呈现类型的多样性特征，出现了与传统意义上以文本为主的结构化数据之外的非结构化数据，如图11-5所示。

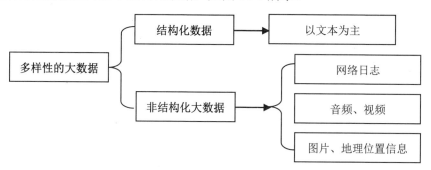

图11-5 大数据类型的多样性

从价值方面来说，大数据呈现价值密度低的特征。与大数据庞大的体量相比，其价值密度就显得尤为低。如以上图中所说的视频文件为例，可能1小时的视频中有用的数据仅就一两秒，换成分式的话就是个位数的 $n/3600$，其价值密度之低显而易见。在大数据体量庞大的基数上如何迅速地实现其数据价值的"提纯"是目前亟待解决的问题。

从处理速度方面来说，一个"快"字就可以说明一二，这也是大数据与传统数据挖掘之间区别最显著的特征。随着数据体量的不断增大，如何更好、更快地处理企业经营、管理等方面的数据成为其将来竞争的重点之一。

11.1.3 关于移动大数据

什么是移动大数据？笔者将通过对这一概念进行拆分来做进一步理解，如图11-6所示。

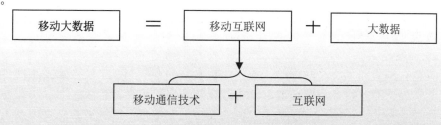

图11-6 移动大数据的理解

移动互联网在社会的应用过程中一定会产生各种数据，这些数据体量无疑是庞大的，通过对这些数据的分析、处理和应用，又将给社会各行业的发展提供正确的指引方向。

通俗地说，移动大数据是指以移动互联网为媒介，从移动用户终端的应用过程中获取的海量的数据流，并在合理时间内对它们进行管理、处理和分析，使之成为人类所能解读的数据资讯的总称。

11.1.4　移动大数据互联网营销

移动互联网时代，也是"大数据"时代。在移动大数据的环境下，实现精准营销是品牌企业和商家追求的一致性目标，也是移动营销方式和目标改变的起点，如图 11-7 所示。

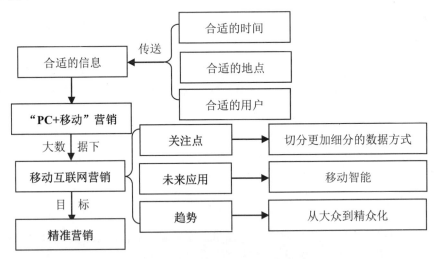

图 11-7　移动大数据下的营销改变

11.1.5　获取移动大数据的策略

在移动大数据环境下，其数据的碎片化、非结构性和价值密度低的特征需要我们对现有数据进行分析和整合。而这种分析和整合必须在有效的策略指导下才能更好地完成。这些策略主要包括 3 个方面的内容：入口掌控、平台搭建和资源置换。

1）入口掌控

水流总有源头和尽头，同样的，数据流也有它的源头和汇聚地，只要实现了对数据流源头和入口的掌控，有序获取移动大数据将变得简单易行得多，而品牌运营商具有这方面的天然优势，他们可以基于"源头掌控"对数据流的获取：在终端侧采取数据流汇聚与流向控制的入口掌控策略，如图 11-8 所示。

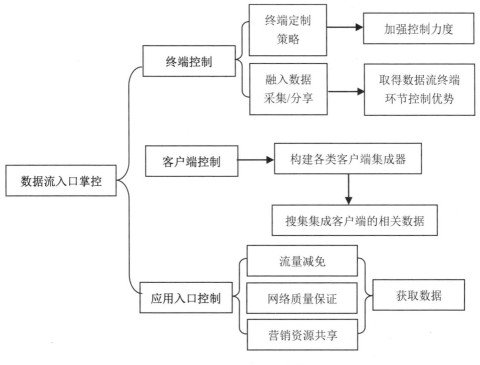

图 11-8 数据量入口控制

2) 平台搭建

数据需要一个能承载其庞大体量的平台，通过平台的搭建，品牌运营商只要对平台上承载的数据量进行管理和分析，就能实现移动大数据的获取，而这些平台的搭建可以基于移动互联网上的各种业务来完成，如图 11-9 所示。

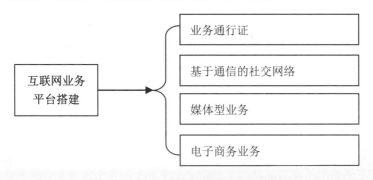

图 11-9 移动大数据获取的平台搭建

3) 资源置换

分享是移动互联网的信息特征，品牌企业在自身无法获取完备行业数据流的情形下，可以与运营商展开合作，实行数据资源的置换获取策略，从而提高企业自身数据的丰富度。

11.1.6 关于块数据的形成

所谓"块数据"，是指在一个物理空间或者行政区域内形成的涉及人、事、物等各类数据的总和。

在这里，还有必要对"条数据"这一概念做出解释："条数据"是指某个行业或领域呈链条状串起来的数据，如品牌企业有它的"企业条数据"，科学技术范围内有其各个领域自身的"学科条数据"等。

从上面的概念可以看出，条数据是各领域或行业各自为政的，没有实现它们之间聚合的优势，因而有着它自身的缺陷，主要表现在 3 个方面，如图 11-10 所示。

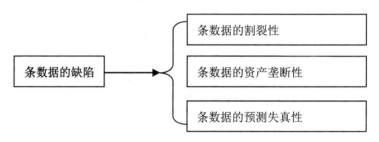

图 11-10　条数据的缺陷

1) 条数据的割裂性

上面已经提到，各条数据之间是没有融合的，它们所包含的数据和信息成为一个个数据孤岛，无法提供跨行业、跨学科和跨部门的综合信息，自然也无法发挥其潜在应用和商业价值。

2) 条数据的资产垄断性

在条数据的割裂状态下，数据垄断出现了。这种垄断的条数据难以实现数据流的开放和流动，其数据量的资产价值只能在局部上体现出来，难以发挥出其最大的综合性的应用价值。

3) 条数据的预测失真性

条数据是局部的有限区域内的数据量，不具备全局性的参考和分析价值，自然根据这些割裂的数据得出的分析结论无法保证其科学性，自然其预测会失真的情况就难以避免。

由于条数据存在的缺陷性使得其必然走向相互间融合的道路，在区域内建立高速运行的网络规模成了必然趋势。只有在高速运行的网络系统信息平台下，才能实现各部门、各行业和各学科间的数据信息综合，逐步促进区域内的块数据形成。

11.1.7 关于块数据的特点

基于政府、企业和个体的条数据而进行解构、交叉和融合的块数据有一个对自然数据流整合的过程，这一整合而形成的块数据有着它自身的特点，如图 11-11 所示。

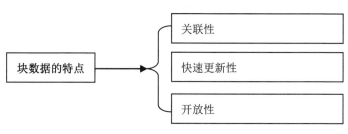

图 11-11 块数据的特点

1）关联性

块数据的产生关联着移动互联网大环境下的用户(人)、平台(物)等要素，社会要素的关联性也造成了块数据的相互关联性。这种关系表现在人与人、人与物、物与物、人与组织等方面，且块数据的各种关系的关联性直接影响了块数据的信息量的大小和应用价值大小的发挥。

2）快速更新性

在现代社会中，信息的更新是社会获得发展的一个重要因素。块数据中数据的更新速度是衡量其价值尺度的重要指标。其信息更新主要表现在两个方面。

● 一是新的数据信息的不断产生；

● 一是新产生的数据与现有数据的各部门、各行业、各学科等的不断融合，形成新的数据信息。

这两种形式的块数据更新是即时的，每时每刻都在进行着。区域内的块数据更新推动着更大区域内的更新，如此推理下去，最终完成了大数据这一最大"块数据"的随时更新。

3）开放性

想要实现块数据的资源整合就必须首先保证数据资源的开放性，只有在开放性的数据资源基础上才能保证块数据资源整合的科学性。对各类条数据进行解构、交叉和融合是实现块数据的前提，而其中最重要的是各部门、各行业、各学科等的数据的分享和交换，建立起数据共享机制，从而完成块数据的构成，实现数据利用价值的第一次升华。

在分享机制上通过分析和综合建立起来的块数据必然也置入共享机制中，一方面是以便形成更大区域内的块数据，另一方面是实现数据资源的价值回馈，让品牌企业以常态化方式读取综合性数据，并加以利用，使得数据利用价值得到第二次升华。

11.1.8　关于大数据的精准营销

所谓"精准营销"，即在实现客户精准定位的基础上，以现代信息技术手段为依托，建立个性化的品牌企业与顾客之间的沟通服务体系，实现品牌企业可衡量的低成本、效果最大化的营销理念。具体说来，精准营销思想有如图 11-12 所示含义。

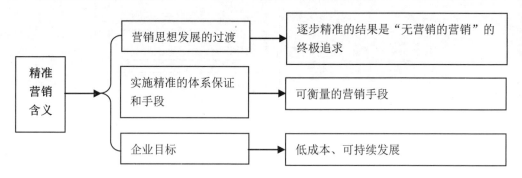

图 11-12　精准营销的含义

相对于传统的市场营销模式，精准营销活动如图 11-13 所示的特点。

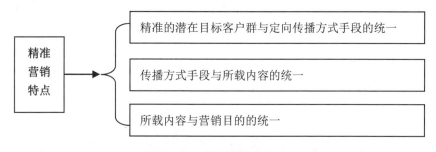

图 11-13　精准营销的特点

总的说来，精准营销是综合性营销，要实现精准营销需要掌握以下知识和技能。

- 数据分析；
- 营销策划；
- CRM 管理；
- 项目活动管理；
- 传播途径有效性测评等。

11.1.9　互联网大数据的营销价值

大数据的庞大体量和处理、分析得出的信息资源为品牌企业的商业化市场发展提供了机遇。大数据的营销价值包括以下几点。

1) 形成新的营销模式

在互联网、移动互联网、大数据环境下，有着与传统商业完全不同的营销模式。就拿常见的零售商店来说，它从对整体的经营状况进行促销和库存的规划发展到针对客户的个性化营销计划，这不可谓不是一种巨大的改变。基于大数据的信息源，目前已经形成了 6 种商业营销模式。

- 租赁数据模式：售卖或者出租广泛收集、精心过滤、时效性强的数据；
- 租赁信息模式：售卖或者出租通过聚焦行业而广泛收集相关数据并在此基础上进行深度整合而成的信息；
- 数字媒体模式：对获得的实时、海量、有效数据进行大数据分析，并提供精准营销和信息聚合服务；
- 数字使能模式：依托大数据的分析对决策提供直接支撑；
- 数字空间运营模式：提供因抢占数据资源而形成数据聚合平台的模式；
- 大数据技术提供商：主要提供技术服务，这里的技术主要用于处理非结构化数据。

2) 建立老客户的忠诚度

在现在的品牌企业市场营销策略中，新增客户资源的开发是市场人员更关注的目标，但是有资料显示，一家公司，80%的利润实际上是来自于 20%的现存客户。因而，营建老客户的忠诚度对于互联网品牌营销来说是必要的举措。

大数据能够为营建用户的忠诚度提供必要的数据支撑，如图 11-14 所示。

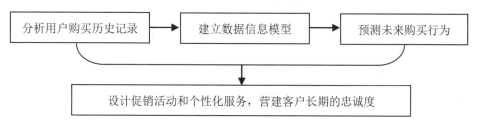

图 11-14　大数据支撑下的客户忠诚度的营建

3) 开发新客户

大数据在利用其信息资源营建老客户的忠诚度的成功应用基础上，可进而扩展为通过它来开发新的客户资源，如图 11-15 所示。

4) 创新产品与业务

大数据的商业应用不仅表现在对现有产品和业务的优化上，它还表现在对新业务的发掘上。它能通过大数据分析，从海量的数据中找准新的产品和业务的基点，掌控新产品或新业务的市场现状和发展前景，洞悉先机，获得新产品和业务创业的成功。

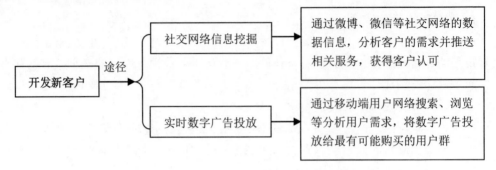

图 11-15　大数据环境下新客户资源的开发

11.1.10　大数据的商业机遇

互联网、移动互联网环境下，各行各业的数据量均经历了几何级数的增长。在这些海量数据中，无数机遇充斥其中，企业纷纷进行大数据挖掘，找寻商业机遇。它主要表现在两个方面，一是移动大数据的处理和分析，二是移动大数据信息的应用。

1）大数据的处理和分析

关于目前的海量的数据，其本身就是一类巨大的信息产品，可以自成为一条完整的产业链。品牌企业在这一方面的机遇将全部围绕大数据展开，如图 11-16 所示。

图 11-16　移动大数据产业链

在这一大数据产业链中，每一个环节都是成就品牌企业营销的机遇，如目前兴起的机遇数据分析的营销咨询就是其中的典型。

其中，在大数据的数据信息挖掘与分析方面更是有着广阔的商业前景。因为基于互联网、移动互联网发展所产生的海量的数据的分析和挖掘不是一蹴而就的，且数据量一直在增长，这就需要对其进行更深的挖掘。这一数据产业链现状对于掌握着大量有价值的数据源的企业来说是一个非常有潜力的发展方向。电信运营商就是其中的一类，如图 11-17 所示。

2）大数据信息的应用

总的说来，大数据相对于传统数据而言，其优势主要体现在数据量的庞大、数据类型的多样化、数据来源广泛等 3 个方面，从这样的数据量中获取的数据信息无疑更具综合性、科学性，自然其数据信息的应用对于品牌企业来说也更具商业价值。

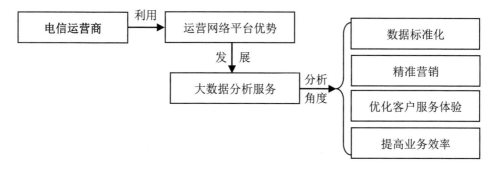

图 11-17　电信运营商的数据挖掘营销前景

　　笔者认为，在互联网、大数据时代下，大数据这一要素将在未来企业的商业决策和商业价值的决策中发挥重要的作用。利用大数据平台的数据信息，品牌企业可以提高洞察力并作出正确决策，从而获得竞争优势，特别是移动互联网从业者，如图 11-18 所示。

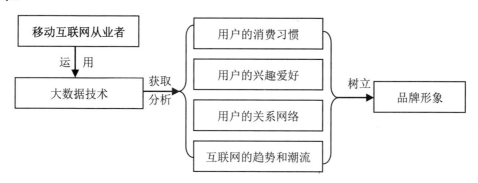

图 11-18　移动大数据信息的商业机遇

11.2　营销策略

　　如果说企业品牌宣传是为实现精准营销准备的，那么正确的精准营销方法是企业做好品牌宣传、实现企业效益的重要方式。关于企业通过大数据进行精准营销的策略主要有 5 类，如图 11-19 所示。

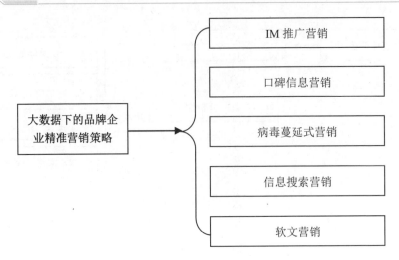

图 11-19　精准营销的策略

11.2.1　大数据 IM 推广营销

IM 营销全称为即时通讯营销，是利用即时工具 IM，企业进行产品和品牌推广，从而实现目标客户挖掘和转化的网络营销方式。

IM 工具按照其属性的不同可分为 4 类，如图 11-20 所示。

在对 IM 工具种类和 IM 营销情况有了了解的情况下，接下来要考虑的问题是怎样做 IM 营销。从这一方面来说，主要有 5 个步骤，如图 11-21 所示。

1) 设置品牌企业资料

品牌企业的基本资料设置是一个基础性的工作，它主要包含两个方面。

- IM 工具的名字的设置：它要求具有严肃性，自然可以直接采用企业或品牌名，做到对企业或产品的即时推广；
- 头像的设置：在这方面，也可以直接采用产品商标或企业标识，这样可以更容易唤起客户消费时潜意识里的产品联想。

2) 设置品牌产品内容

在产品广告内容的设置方面，其语言要求是最精简的，其内容信息需要能表达出产品的名称和特色等。如农夫山泉的广告内容：天然的弱碱性水。7 个字包含了"天然的"和"弱碱性"这两个最重要的产品信息。

3) 深入目标客户群体

销售方不是高高在上的掌控者，他们有必要深入客户群体中，与客户群打成一片，如图 11-22 所示。

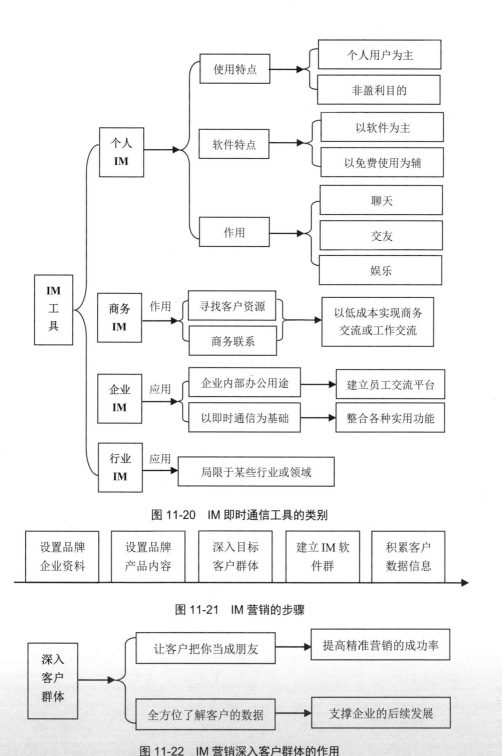

图 11-20　IM 即时通信工具的类别

| 设置品牌
企业资料 | 设置品牌
产品内容 | 深入目标
客户群体 | 建立 IM 软
件群 | 积累客户
数据信息 |

图 11-21　IM 营销的步骤

图 11-22　IM 营销深入客户群体的作用

4) 建立 IM 软件群

想要把客户统一到一起，建立许多自己的 IM 软件群很有必要，这样在营销过程中不会被踢出群，从而更好地实现精准营销。

5) 积累客户数据信息

想要制定出精准的营销方案，有必要长时间沉淀和积累客户数据信息，从客户需求和企业品牌产品提供方面考虑营销的全过程。

11.2.2 大数据口碑营销

口碑营销，顾名思义，就是一种基于企业品牌、产品信息在目标群体中建立口碑，从而形成"辐射状"扩散的营销方式。在互联网时代，口碑营销更多的是指企业品牌、产品在网络上或移动互联网的口碑营销。关于网络口碑营销的相关信息，如图 11-23 所示。

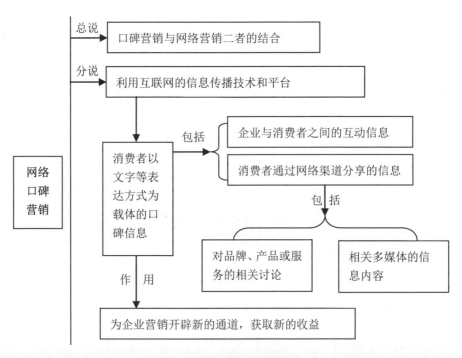

图 11-23　网络口碑营销

随着互联网、移动互联网的迅速发展，网络口碑营销通过网络的传播快速、定位精准等优势逐渐受到品牌企业的重视。这是因为在大数据环境下，网络口碑营销能利用互联网平台的数据信息对用户、产品、市场进行分析，从而实现品牌企业精准营销。大数据口碑营销的特点和优势如图 11-24 所示。

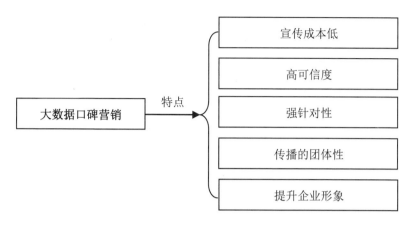

图 11-24　移动网络口碑营销的特点和优势

1）宣传成本低

口碑营销是一种不需要其他更多投入，只需要企业提供创意支持的营销方式，从而节省了大量的广告宣传费用。可以说，口碑营销是最廉价的信息传播工具之一。

2）高信任度

口碑营销是建立在已有的人与人之间的特定关系基础上的营销方式，它有着两个方面的基础要素：一是人与人之间诸如亲友、同事、同学等较亲近或密切的关系，二是企业产品或服务形成的较高的满意度，这两个要素决定了它将比广告、促销、公关、商家的推荐等有更高的可信度。

同时大数据口碑营销还是建立在稳定、科学的数据基础上的营销策略，因此更加提高了该策略的可信度。

3）强针对性

相对于其他传播形式而言，大数据口碑营销因为以数据分析为前提，所以对网络品牌营销具有更中肯、直接和全面等针对性强的特点，如图 11-25 所示。

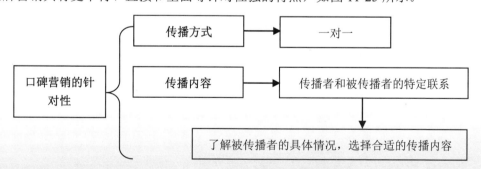

图 11-25　口碑营销较强的针对性表现

4）传播的团体性

从经济学的角度来说，口碑营销传播的团体性主要是基于相同的消费群体的相近的消费趋向、相似的品牌爱好等方面的表现，在这一消费群体中的数据信息是以几何级数的增长速度传播的。

从社会心理学角度来说，它是构架于各个消费群体的各种消费需求心理的团体性之上的，更具有天然、自发的优势。

5) 提升企业形象

广告宣传和口碑传播都是一种宣传方式，然而与广告宣传这种企业的商业行为不同，口碑传播是客户对企业产品或产品满意度的表现，是企业形象的象征，因而树立企业产品或服务的品牌口碑能很好地提升企业形象。

11.2.3 大数据病毒营销

基于上述的大数据口碑传播方式，在进行网站推广、品牌推广等方面实施病毒蔓延式营销方式更为方便。顾名思义，它是一种如病毒一样蔓延的高效的信息传播方式。

这种营销的关键是企业设计的"病毒"。在此，"病毒"指的是契合客户需求的基点。在互联网和大数据时代，品牌企业和商家可以通过互联网的数据信息去了解客户群的需要，进而安排生产，当有客户购买了该产品后，由于这种产品是基于客户需要而生产的，因而能够更容易地获得客户的满意度，因而这种产品的信息将像病毒一样在客户之间迅速蔓延开来，达到理想的营销效果。

而且，建立在口碑营销基础上的这种营销方式同口碑营销一样，几乎不需要营销宣传费用，企业能够利用更少的成本得到更好的效益。相较于传统的营销方式而言，大数据时代下的病毒蔓延式营销具有 4 大特点，如图 11-26 所示。

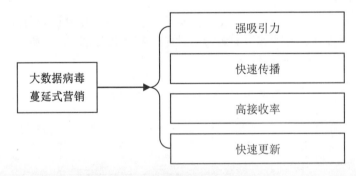

图 11-26　病毒蔓延式营销的特点

1) 强吸引力

病毒蔓延式营销的强吸引力主要表现在它经过加工的产品和品牌信息上，通过这种方式传播给消费者的不再是赤裸裸的广告信息，而是在产品和品牌信息的传播上充分考虑了目标消费者的参与热情，从而使得它像突破了消费者的免疫系统的"病毒"

一样，促使客户这一传统的纯粹的产品信息受众自愿参与到后续的传播过程中，成为积极的信息传播者。

2) 快速传播

顾名思义，病毒蔓延式营销无疑就体现在它快速扩张的信息推广上。在这种营销方式过程中，产品和品牌信息通过消费者传递给与其有关联的消费者个体，一层层蔓延，无限扩张开来，这种信息传播方式的速度之快可想而知。

3) 高接收率

一般说来，受众的接收率鲜明地表明了产品信息推送的成功程度，企业产品的广告也是如此。病毒蔓延式营销在这方面有着明显的优势，如图 11-27 所示。

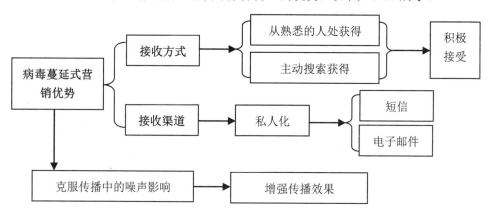

图 11-27　病毒蔓延式营销的优势

4) 快速更新

在病毒蔓延式营销中，产品信息同其他网络信息一样，有着自己独特的生命周期，其中有一个从慢到快再到慢的过程，且这一过程从开始到结束的时间周期一般是非常短的，于是也导致了企业产品信息在速度上的快速更新。

11.2.4　大数据信息搜索营销

在互联网大数据、移动大数据环境下，社会信息量剧增，搜索成为人们获得信息的必然选择，在大众化的应用形式下，营销机会就隐藏其间，品牌企业应该积极利用这一情况投放产品或服务信息，创造营销机会。

信息搜索营销是利用互联网进行品牌营销的最常见的方式之一。在这种营销方式中，首先是让用户发现信息，其后是通过搜索这一工具点击进入网站或网页，从而了解发现的信息详情。

信息搜索营销是实现精准营销方法中最能衡量品牌企业实力的一种方式，因为只有处在搜索结果前列里，才能更容易被用户关注到，而这需要品牌企业有着相当程度的竞争实力。

在社会发展的条件下，品牌企业相关产品信息也越来越丰富，相对的，未来信息搜索营销也将发生改变，这种改变主要朝着 3 个方面的趋势前进，如图 11-28 所示。

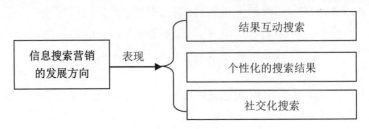

图 11-28　信息搜索营销的未来发展

1）结果互动搜索

在传统搜索模式的基础上，未来有可能引导用户积极参与其中，让普通用户可以干预搜索结果。这是对传统搜索封闭模式的改变，从搜索引擎方完全操纵搜索结果排名发展到让更多的用户参与到搜索结果的排名中。

2）个性化的搜索结果

个性化搜索指的是在网络搜索结果上的量身定制，如图 11-29 所示。

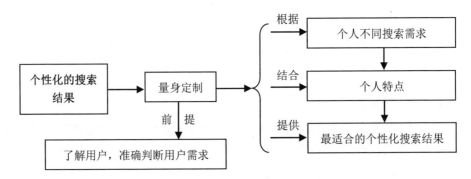

图 11-29　个性化搜索的量身定制

3）社交化搜索

这是随着社交网络和社交工具的发展而新生的一种信息搜索营销模式，并将在社会发展大潮中得到进一步发展，也将引发社交化搜索的新一轮排名热潮。

11.3　案例分析

在互联网大数据、移动大数据时代，品牌企业利用大数据的优势对客户精准定位，进而实现精准营销的方式随处可见，本节为读者介绍几个大数据品牌营销的案例，以供参考。

11.3.1 上品折扣：数据库建设

上品折扣是一家都市型百货折扣连锁店旗舰品牌，其产品囊括 600 余个国内外知名品牌的近 10 万款商品。在大数据时代，上品折扣着手数据库的建设，用以电商、服务数据管理、实体店、营销、会员体系等业务，如图 11-30 所示。

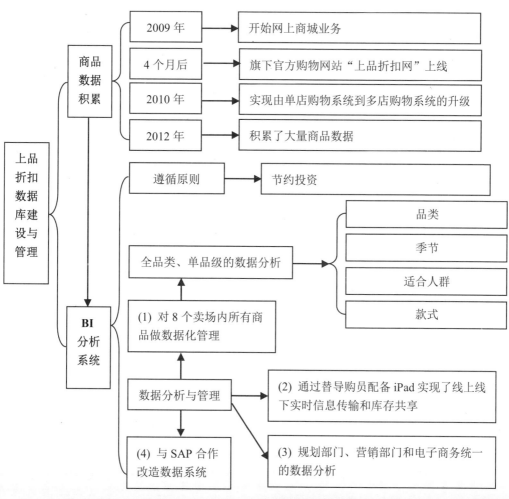

图 11-30　上品折扣的数据库建设和管理

在数据库资源支撑下，上品折扣借助移动互联网终端来加强用户体验。在解决商品数据采集和现场销售方面，他们开发了自主品牌 PDA，利用技术支撑，不断提高企业竞争力和满足消费者的购物需求。

在移动大数据环境下，上品折扣在微信营销、二维码营销模式方面也有了一定的发展。

11.3.2　泰一指尚：基于大数据的广告投放

泰一指尚(AdTime)利用其拥有的大规模数据和专业技术为大数据的可视化营销提供便捷的方式，实现了为广告主提供全网一站式的营销服务及解决方案的目的。在实现广告精准上，AdTime 主要从两个方面着手，如图 11-31 所示。

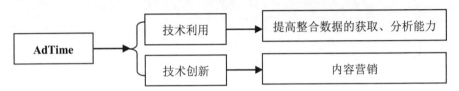

图 11-31　AdTime 的精准营销理念创新

AdTime 的精准营销理念是以其积累的数据库资源为基础的，在此基础上，为广告主提供广告投放指导和服务，打造全新的互联网营销方案，如图 11-32 所示。

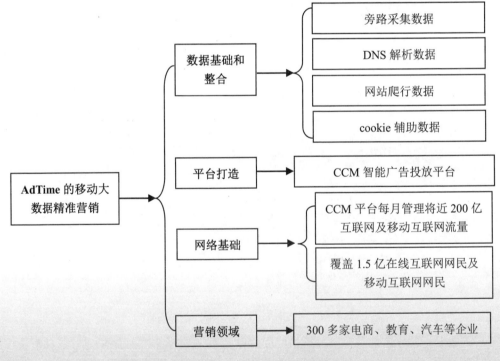

图 11-32　AdTime 的精准营销

11.3.3　今日头条：基于大数据的 APP 营销

不久前的今日头条 APP 甘肃区域独家代理新闻发布会提出了基于大数据挖掘的精准营销模式，引起了与会者的关注。

具体说来，今日头条 APP 是一款基于大数据挖掘的新闻信息类 APP，它能通过移动终端用户的阅读内容快速更新用户模型，作精准内容推荐，如图 11-33 所示为今日头条 APP 的驱动机制和营销策略。

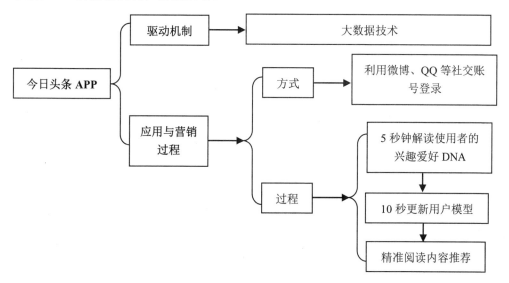

图 11-33　今日头条 APP 的驱动机制和营销策略

如图 11-34 所示为今日头条 APP 的现状和发展。

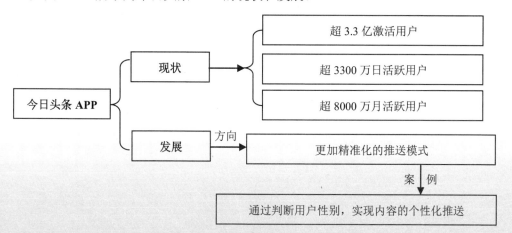

图 11-34　今日头条 APP 的现状和发展

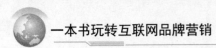

在甘肃省存在活跃用户 119 万，兰州市活跃用户 53 万的情况下，今日头条 APP 甘肃区域独家代理入驻，它将在大数据挖掘及推荐引擎技术的支撑下，积极探索有价值的个性化信息推送，提供人与信息的新型服务。

第 12 章

软文：低成本地提高品牌和产品的形象

学前提示　　不管互联网怎样快速发展，软文都能与其他营销手段结合起来，给品牌企业赚取不少的财富。企业想要打造一个出众的品牌，就必须学会软文写作技巧、方法和规则。本章主要探讨品牌企业软文的相关内容和营销策略。

软文：低成本地提高品牌和产品的形象
- 先行了解
- 营销策略
- 案例分析

12.1　先行了解

在网络营销里软文营销是一种神奇的营销手段，它可以把一些单调的文字组合成一篇有趣的文章，让网友无意识的深陷其中，如图 12-1 所示。

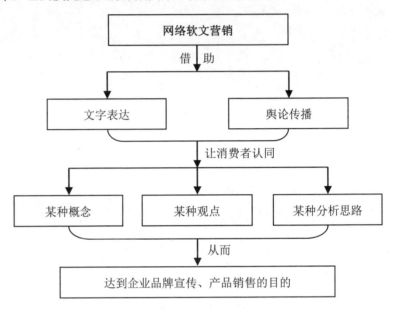

图 12-1　网络软文营销

软文有浓厚的"广告"成分，它不像传统广告那样，直接、生硬地将广告信息传达给消费者，而是将广告藏进文字中，让读者不知不觉就掉进企业的"陷阱"中，下面，笔者将为读者介绍软文营销相关的知识。

12.1.1　软文的两种定义

软文的定义包括两种：宣传软文和付费文字广告，下面对这两种定义进行简单的介绍。

1) 宣传软文

宣传软文是指通过在杂志、网络、APP、报纸、手机短信等宣传载体上刊登文章来提升企业品牌形象和知名度，从而促进企业销售的一种营销方式。

2) 付费文字广告

所谓的付费文字广告，是指企业花钱在报纸或杂志等宣传载体上刊登文字广告的一种软文营销方式。

12.1.2　软文的写作要素

软文写作有 5 大要素，如图 12-2 所示。

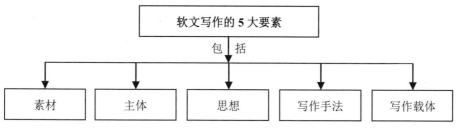

图 12-2　软文写作的 5 大要素

1) 素材

软文的写作，不是拍摄科幻电影，不是写武侠小说，也不是天马行空的想象和跳跃的构思，而是立足于素材之上的一种创作。

软文素材来源很多，可以是创作者的积累、阅读，也可以来自于采访或者作者的思考。素材是写作的基础，有了素材的积累，才能在写作的时候，尽情地发挥。

2) 主体

软文中的主体是指"核心主角"，而这里的"主角"指的并不单单是一个人，而是所以成立的事物，如企业、品牌、产品、网站等。

软文撰写者在写软文之前，需要将软文主体先确定下来，并且明确软文主体的发展方向：是为了打响企业品牌？是单纯地用来表明作者的观点？是为了推广网站，追求网站知名度？还是为了推广某类某款产品，以期达到一定的销售目的等。

总之，软文写作之前，主体一定要确定好，这样才能达到软文的效果，才能使得软文不偏离核心思想，从而才能达到软文撰写者撰写软文的目的。

3) 思想

一篇富有独特思想、正确见解的软文，能吸引不少的读者进行"围观"，一般来说，写作是作者的思想展现、表达，是作者对人生的感慨、感悟、感叹，是对自己身边事物的回忆、回想。

总之，文章就是作者的思想层次、思考特点与思维整理。而对于软文来说，思想是一个吸引读者的利器，是软文撰写者提高思维水平、写作层次、思考能力的核心要素之一。

4) 写作手法

对于软文来说，写作手法是将素材与软文内容加工、整理的手段。写作手法追求两点要点，如图 12-3 所示。

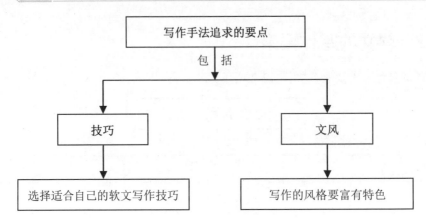

图 12-3　写作手法追求的要点

虽说，软文没有文章那么高的"门槛"，需要不错的文采，才能展现在大家的眼前，但还是需要追求文风的，一个独一无二的文风，能在如今这个铺天盖地都是软文的生活中，成就一个独特的、具有吸引力的"大赢家"。

每个软文撰写者最好都要具有自己的软文写作技巧，这样才能快速写出软文，使写作水平变得成熟。

•专家提醒

软文撰写者，最好是先找到软文写作技巧，再逐渐形成自己的写作风格与文风，这样步步成长，才能使得软文能发挥最好的营销效果。

5) 写作载体

软文撰写者在写软文之前还要确定好软文发布的渠道，届时软文撰写者可以根据发布渠道的特点，来撰写软文，这样会有事半功倍的效果。

一般写作载体在现实生活中是指报纸、杂志等，而在网络上是指网站、论坛等地方，并且现实写作与网上写作不同，网上写作和网站写作又不同，给不同的媒体写文章又各有特点。

作者只有对各种载体的特点和发文方式具有一定的了解和研究，掌握到了软文写作载体的特点，也就掌握了软文发表的根本源头。

•专家提醒

总的来说，软文写作除了要找到写作载体、确立软文思想，以及营销产品主题之外，与文章有异曲同工之妙。

12.1.3　软文营销的特点

软文营销不需要那些华而不实的文字，它的精华在于鼓舞人心，用看似最平常的口吻，一步步触动读者的心房，一字一句，娓娓道来的全是以读者角度看待的事情和利益，能更好地拉近读者的距离，以便提高企业的营销效率。

之前很多朋友问笔者，软文营销为什么会如此广泛，到底有什么魅力可以让这么多企业执着于它呢？下面笔者就来说说软文营销的特点，如图 12-4 所示。

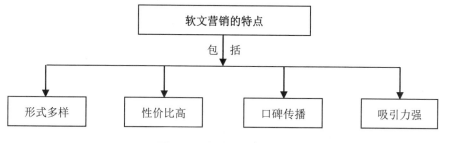

图 12-4　软文营销的特点

下面为读者介绍软文营销的这几大特点。

1) 形式多样

软文的文字资料很丰富，不拘泥于文体，表现形式多样，在互联网上，随处都能见着软文，在图片上、论坛上、新闻上、娱乐专栏上等，都能捕捉到软文营销的影子，它们几乎遍布网络的每个角落，因此，也是企业寻找潜在消费者的机会。

2) 性价比高

软文最大的优势在于可以进行二次传播，只要软文有足够吸引力，就有可能被互联网上的"小编"看中，他们会把文章放到自己的网络平台上，做出评论、分析、传播，相当于免费帮作者推广。

3) 口碑传播

口碑的影响力是不容忽视的，软文营销的重点就是口碑传播，文章能够通过精练的语言、动人的故事，成功抓住用户的心，并形成很好的口碑传播效应。

4) 吸引力强

软文的核心不是用强硬的手段给读者灌输广告内容，而是用有吸引力的话题或者动人的故事来打动读者，从消费者的心理需求出发，投其所好，引导读者接受广告的信息。

12.1.4　软文营销需要抓住"痛点"

企业想要让自己的软文成功地吸引读者的注意力，就需要抓住消费者的"痛点"，什么是"痛点"呢？"痛点"是指消费者在生活中碰到的各种难题，急需解决的问题的方法。而软文撰写者能想办法将读者存在的"痛点"体现在软文中，并且给予解决方法，那么这样一篇软文，必会引起一部分读者的注意力。

例如，王老吉的一句"怕上火 喝王老吉"，堪称经典，如图 12-5 所示。

图 12-5　王老吉抓住消费者"痛点"广告

"上火"是人们在生活中常常会遇到的问题，譬如，在炎热的夏天，有一部分人，对香辣火锅情有独钟，于是不畏上火，一心投入火锅的"怀抱"中，而还有一部分人，也同样钟爱火锅，可是怕自己在这炎热的夏天上火，导致不敢吃，于是就选择放弃吃火锅，而去选择其他的食物，届时很有可能会影响人们的食欲，影响他们正常的生活所需。

因此，王老吉以"怕上火 就喝王老吉"为软文广告语，以"怕上火"来点出正在困扰消费者的问题，再以"就喝王老吉"来解决消费者的困扰，如此一举在当时获得不小的成就。

又如，脑白金以"过节还是脑白金"来解决消费者的"痛点"，如图 12-6 所示，脑白金的软文广告。

图 12-6　脑白金"痛点"软文广告

其软文广告语的核心就是为了解决消费者送礼的困惑，人们在想送礼的时候，不知道买什么样的礼品，从而开始纠结起来，而这种纠结也属于消费者的"痛点"范畴。

于是脑白金抓住了"送礼"的"痛点"，来帮助消费者选择送礼时的礼物，成为用户心中送礼的优选。

总之，软文撰写者需要做的就是发现消费者的"痛点"，以这个"痛点"为核心，找到解决"痛点"的方法，并且将方法和企业产品联系在一起，最后堂而皇之毫不客气地融入在软文的主题中，明确地告诉读者一种思想，让他们沉浸在软文的糖衣炮弹中，寻求解决自己问题的方案。

寻找消费者"痛点"是一个长期观察、挖掘的过程，一般来说，企业需要从两点出发，来寻找关于消费者的"痛点"。

- 企业需要对消费者的消费心理有充分的解读；
- 企业需要对自己的产品和服务有充分的了解。

12.1.5 软文营销的一些注意事项

软文营销有两方面需要注意的事项，一方面是软文营销操作上的注意事项，另一方面是软文写作方面的注意事项。

1) 软文营销操作上的注意事项

企业在进行软文营销操作时，要注意软文的撰写创作以及发布投放上的问题，下面进行详细解释。

(1) 不要过度包装。现实生活中，产品过度包装不仅造成资源浪费，还存在欺骗消费者的嫌疑，软文营销中，适度包装能够起到宣传产品的效果，但是夸大的言词、浮夸的包装则会给人不真实的感觉，营销效果适得其反。

企业最好是结合实际情况来做宣传，可以进行如图 12-7 所示的操作。

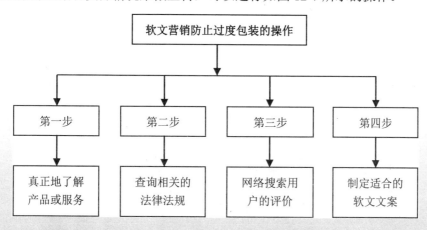

图 12-7 软文营销防止过度包装的操作

(2) 拒绝恶性炒作。对于企业来说，高知名度是营销的目的，但是炒作需要有度，如果是与社会相悖的营销案例，例如一些低俗、暴力、贪欲等，企业应该尽量避开，不能一味追求网民的眼球，而忽略了企业的美誉度。

炒作要在新闻的前提下才能运作，通过强化新闻要素，使商业事件成为适合媒体运用的新闻材料，让消费者不知不觉接收到商业信息，才是最好的软文营销行为。

(3) 不要单一投放。有些企业为了省事，就只专盯着一个平台或方向投放软文，这样效果不会明显。企业的产品宣传根本目的在于寻找目标客户，最终完成产品销售，所以营销者需要在明确客户需求的前提下，利用投放组合，进行多渠道、多平台的投放，达到营销的最佳效果。

企业使用这种多渠道、多平台投放的方式，可以更大范围地进行企业信息的传递，从而获得更多的转化。

2）软文写作方面的注意事项

软文营销最容易碰到"雷区"，其风险有很多，常见的风险就包括侵犯他人名誉权、著作权、肖像权等，无论是对企业，还是软文营销公司来说，写作时会遇到的风险都应该被重点关注，并坚决规避。

(1) 不要抄袭，注重原创。目前的软文创作中，常见的抄袭行为包括以下几种。

● 版权修改，就是直接照搬，有些连"转载"二字都没有注明；
● 抄袭创意，就是抄袭一篇文章的主题部分，用自己的话语表达出来；
● 段落修改，就是指对标题、内容进行简单的修改。

有些企业为了省事，就随意找几篇文章，不注重软文的原创性，直接抄袭全部的文章，这样做的后果会给企业带来很大的负面影响，从而减低企业在人们心中的形象，作为品牌企业，要更加注重内容的原创性。

(2) 注重书写格式。普通的文章一般都是有规定的格式的，软文也是一样，并且软文特别容易把格式写错。常见的书写错误包括文字、数字、标点符号以及逻辑等方面的错误，企业必须对书写格式进行严格的校对，防止这方面的错误。

(3) 软文质量要高。品牌企业的软文质量一定要高，不然如何加深消费者对企业品牌的印象？那么如何提高软文质量？办法有两个。

● 一是加强学习，了解软文营销的流程，掌握软文撰写的基本技巧；
● 二是聘请专业的软文营销团队，来提高企业软文质量。

(4) 著作权风险。著作权也称版权，是指作者或法律范围内的其他权利人对作品享有的人身权和财产权的总称。

从定义中，可以看出著作权分为两种。

● 著作人格权；
● 著作财产权。

如果企业未经著作权人许可，侵犯了著作者的著作权，就会背负侵犯著作权罪。

因此软文撰写者必须要坚持原创，并且做到引用注明出处。

(5) 肖像权风险。肖像权，是指人对自己的肖像拥有排斥他人侵害的权利。包括 3 方面的内容。

- 肖像拥有权；
- 制作权；
- 使用权。

企业在做软文营销的过程中，为了达到图文并茂的效果，常常会用明星或者名人来进行配图，但是有些配图容易引起法律纠纷，因此企业在进行软文营销时，要注意规避这种风险。

(6) 名誉权风险。名誉权，是指公民或法人保持并维护自己名誉的权利。公民、法人的人格尊严受法律保护，禁止用如图 12-8 所示的方式损害公民、法人的名誉。

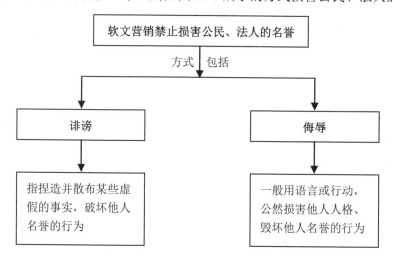

图 12-8　软文营销禁止损害公民、法人的名誉的方式

12.2　营销策略

软文营销是最需要技巧的广告形式，品牌企业在进行互联网品牌营销时，必须掌握软文营销的相关策略，才能达到企业产品销售、品牌宣传的目的。

软文营销有很多策略，企业不可能每一种都能兼备，应该选择最适合自己产品的，下面笔者总结几点重要策略。

12.2.1　话题营销策略

话题，尤其是热门话题，是最容易引起口碑效应的策略。运用话题进行软文营销，能够起到很好的品牌推广的目的，想要获得足够热的话题，有以下两种方式。

● 围绕、结合社会热点制造话题；

● 针对用户的喜好与需求引发话题。

采用话题营销策略进行品牌推广时，要注意话题的可控性，一定要对产品品牌做正面引导，不能引发用户对产品的负面情绪，例如借助公益话题可以让消费者对品牌产生良好的印象。

12.2.2　知识技术营销策略

知识技术策略的关键是通过技术层面的东西去打动用户。不能用伪技术搪塞读者，必须要用具有一定先进性的技术，并且能够真正帮助用户解决一些问题。企业在描述的时候，不要太过于笼统和高深，要用一些平常与人聊天的语言和例子，让用户轻松地明白其大概的原理，从中找到自己需要的知识。

12.2.3　概念营销策略

概念营销策略也是很好的软文营销方式之一，尤其是与目标用户生活息息相关的概念，非常容易吸引用户的注意力，品牌企业在打造某一品牌时，就可以通过概念营销策略，将品牌概念传递给消费者。

12.2.4　经验营销策略

企业在写软文的时候，不妨写一些分析经验型的软文，此类软文的策略主要是通过免费向读者分享经验、免费给予他们帮助，从而引起读者的注意，因此最容易打动用户和影响用户。

这类软文营销的最大优势在于消费者是以主动的方式接受企业传播的信息，如果内容足够有效，还很有可能形成口碑传播。

12.2.5　新闻营销策略

对于任何品牌企业来说，新闻营销策略都是非常一个好的品牌营销方案，为什么新闻性的软文容易受到人们的关注呢？因为人们都有好奇心，都渴望了解新事物、学习新知识。因此，新闻营销要体现出一个"新"字，新鲜事、新鲜话题、新鲜知识等都可以成为新闻营销的来源。

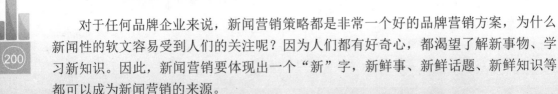

12.3　案例分析

很多品牌都希望通过软文营销来进行品牌的营销和产品的推广，下面就来欣赏几则互联网软文营销的案例。

12.3.1　韩国太曼斯软文营销案例

下面是一篇服装软文《真正的创意服饰》，这是一篇利用开头为关键词做铺垫的软文，下面就来欣赏这篇软文。

真正的创意服饰

流行色是一个时尚的代名词，是人们对衣着追求的风向标。流行色与服装的面料、款式等共同构成服装美。唐朝的流行色为红色，宋朝的流行色为青色，明朝的流行色为金色，清朝的流行色则为蓝色，新中国成立之初的颜色为绿色，流行色不是固定不变的，而是一个时代，一种趋势和走向，与时俱变的颜色。无论哪个时期流行何种颜色，人们的时尚追求都是受制于一定的社会规则，只有在我们这个思想极度解放的时代，色彩斑斓才成为了个性时尚一族的追求焦点。

在这个时尚泛滥，色彩弥漫眼睛的时代，追求个性时尚的新新人类开始迷茫，自己该选择哪一种颜色来表现自己的青春、个性与美丽？英国唯物主义哲学家贝克莱说："我思故我在。"韩国太曼斯则认为："我特我才在。"流行是"新新人类"表现个性魅力和风采的独特行为，除了一些表示她们共同特征的一般行为外，在许多方面特别是在穿着打扮上，他们不愿意赶时髦，随大流，反映出多样性的审美情趣和多元化的价值取向。韩国太曼斯抓住了年轻人这一心理特点，没有把自己的服饰设计得很高档、奢华，而是通过精心研究，发明了太曼斯变色服饰并创立了首家变色服饰连锁店。

太曼斯源自韩国——引领现代服装潮流的国度。在"韩流"已经遍布世界的时候，韩国太曼斯带来了又一韩国浪潮。太曼斯休闲变色服饰不但有韩国传统时尚服饰特征，还在此基础上导入欧洲服饰美学和最新的时尚前沿资讯，顶尖设计师团队充分融合东方人体工学和审美观念，除增加时尚美感外，更具有视觉性、舒适性、多变性和东方神韵，每一款变色服饰都具备经典气质，是时尚品位的先锋。

太曼斯变色服饰打破了传统服饰一成不变的颜色，根据光学原理和热学原理研制而成，分为光敏变色和热敏变色两种。光敏变色是随着阳光的强弱而发生颜色的变化，如阳光照射时是一种颜色，没有阳光照射时变为另一种颜色。夜光变色是白天、晚上两种变化，到晚上服饰闪闪发亮。热敏变色是随着温度的变化而发生颜色的变化，如高于 27 摄氏度是一种颜色，低于 27 摄氏度又是一种颜色。变色染料配合图案设计，就可制造出颜色变化产生图案变化的效果，打破了普通染料只能印制静止图案的限制。太曼斯变色服饰不仅拥有上述特色，还被添加了一种新型化学纤维，使处理过的服饰颜色更稳定、时间更持久：看似普通的服装或包饰，离开阳光或一见阳光，就可在瞬间变化出不同的色彩，阳光越强，色彩变化越大，令人耳目一新，奇妙无比，且经摩擦还可飘出水果的芳香。

韩国太曼斯休闲服饰专卖店只需几万元即可享受总部店铺设计、区域保护、立体广告、整合营销、专业配送、贴心服务、店长培训等一切支持，让您全年销售无淡季，坐享滚滚财源！太曼斯是时尚青年的家庭储衣柜，更是广大投资者的创富摇篮。

（本文由中国新闻社河北分社 2006 年发布）

此篇服装软文是第一篇提出这个时代在某个方面应该思考的问题，而就这个问题推出关键词：通过提出"流行色"的问题，将韩国品牌服装企业"太曼斯"的观点说出来。

虽然此篇服装软文，每段都有铺设核心关键词，但是其有一个巧妙的开头，通过某品牌的观点，来展开进一步的叙述，道出创立了首家变色服饰连锁店的原因，并借此进一步介绍其服饰的特点和优点。

整篇文章读下来，读者会觉得这就是一篇介绍"太曼斯"品牌的文章，但还是会愿意往下阅读，这是为什么呢？因为这是一篇夹杂着品牌理念的文章，并不是一篇纯粹推广产品、毫无阅读价值的文章。

其实读者在挑选文章时，看到"真正的创意服饰"这个标题时，就会带着："怎样的创意服饰？""哪个品牌的服饰？"等问题进行阅读，反正就是跟服装有关的，当读者决定看内容时，就不会在意内容是否是软文，只要内容与标题相符合，能给出读者之前想要知道的答案，这就体现出了这篇文章的价值性。

若文章重点不是放在"创意服饰"上，而是放在"推广服饰"上，那么读者定会避而远之，马上发现这是一篇纯广告，带着失望退出阅读模式。

• **专家提醒**

从此篇服装软文上可以学到：

- 软文的开头还是比较重要的，服装软文撰写者需要学会利用开头为下文做铺垫，并且开头不能太过苍白，要具有一定的实际意义。
- 此软文的标题算是一种白话式标题，直接将核心思想道出来，让读者细细品味，这样标题下的内容，一定要做到点题，不然会被冠上"标题党"的称谓，那么这样的软文就是一篇失败的软文，并不会为品牌产品带来怎样的好处，反而会拉低品牌的形象。

所以，软文一定要扣住之前命名的标题的核心思想，只有这样才能不畏首畏尾地将核心广告词提出来，大大方方地将自己服饰的优点讲出来，不怕没有读者、不怕软文的效果不明显。

12.3.2 维多亚的秘密软文营销案例

下面来欣赏一篇服装软文——《维多利亚的秘密，你知道多少？》，这是一篇典型的疑团式标题软文。

维多利亚的秘密，你知道多少？

维多利亚的秘密对于性感美艳的定义早已昭然若揭，天使的长发自然微卷，像刚刚睡醒尚未梳洗，其面容自然媚态，红绯绯的脸庞和雾茫茫的双眸像个小婴儿！

维多利亚的秘密隶属美国知名中高档服装生产商 Limited Brands 集团，性感是维多利亚的代名词，她不仅是全美，更是全世界内衣界的龙头，她优雅，热情，挑逗地在伸展台上影响着全球三十亿女性人口的"内在美学"，同时也在香水、配饰、化妆品等领域散发出让人无法抗拒的魅力。

维多利亚的秘密成立于 20 世纪 70 年代初，自成立那天起，公司的名字就一直成为魅力、浪漫、纵容及女式内衣的代名词，公司每天每分钟内衣的销量达 600 多件。公司总裁把维多利亚描述成"一位生活方式的商家，即时装商是众多顾客生活的组成部分。他们给予顾客的是：魅力、美丽、时尚及一点儿浪漫。在款式，颜色，设计的完全引领下，已成为全世界女性惊叹的时尚品牌。维多利亚的秘密所倡导的"穿出你的线条，穿出你的魅力，带着轻松舒适的享受穿出那属于你的那一道秘密的风景"成为时尚女性的追求。维多利亚的秘密无疑是世界潮流的领航者。

维多利亚的秘密的产品种类包括女士内衣、睡衣及各种配套服装、豪华短裤、香水化妆品以及相关书籍等，是全球最著名的、性感内衣品牌之一。2002 年她推出的镶嵌宝石、价值 1000 万美元的内衣更是轰动世界。

(本文来自百度百科)

此篇"维多利亚的秘密"品牌软文营销主要运用了疑团式的标题，让读者看到标题后就会带着疑团去阅读文章的内容"维多利亚有什么秘密？""维多利亚指的是贝克汉姆吗？""哪个维多利亚？是品牌？是人？还是旅游地区？"等。

一开始就将"维多利亚的秘密"这个内衣品牌以拟人的形式描述出来，将人们知道的"性感美艳"与"可爱呆萌"结合在一起，让读者不仅想要多了解一下维多利亚的秘密，接着从"性感"到"魅力""浪漫""纵容"，将"维多利亚的秘密"服饰产品的特点描述得淋漓尽致。

这篇服装软文的重头戏其实还是在标题和开头上，巧妙地向读者提出问题，让读者在还没有看到文章内容之下，产生无限的遐想，带着这些遐想来阅读文章。一般读者在带着自己心中疑团的情况下，都会比较仔细地去阅读文章，这就进一步加深了读者对软文内容的印象。

在开头处巧妙地运用了拟人手法，让那些不熟悉"维多利亚的秘密"的读者，加深了疑问，勾起了读者继续往下阅读的欲望，而对于熟悉"维多利亚的秘密"的读者来说，会更想要往下阅读，因为"维多利亚的秘密"是一个比较著名的品牌，一般知晓它的读者要不就是使用过该品牌产品的，要不就是在各种渠道上听说过该品牌的，而现在遇到了关于"维多利亚的秘密"的文章多少都会想多了解一番，增长对该品牌的见识。

•专家提醒

从此篇服装软文可以学到：

- 巧妙地运用疑团式标题，让读者带着疑团进行阅读，这样能加深读者对文字内容的印象。
- 可以在文章中运用一些修辞手法，可以是拟人、比喻、夸张等，不一定要在开头，只要合适，随时都能添加一些修辞手法到文章中，这样可以增添读者的阅读体验。

12.3.3　肯德基软文营销案例

下面来看一篇食品行业的软文《肯德基携手百度开启"甜蜜中国"长假　玩转O2O创新体验》，这是一篇产品动态软文。

肯德基携手百度开启"甜蜜中国"长假　玩转 O2O 创新体验

2015 年国庆长假前夕，肯德基宣布与百度地图携手，推出 O2O 出行新模式。9 月 28 日起，肯德基大手笔将全国 4800 多家餐厅搬上百度地图，借助百度全景实现的"肯德基虚拟餐厅"遍布祖国大江南北。消费者不仅可以使用手机语音搜索随时随地"叫"出汉堡等美味，更可点评及票选心目中最具特色的肯德基餐厅，在长假期间迎来普降全国的甜蜜"蛋挞雨"，畅享一系列长假创新体验。

全国 4800 多家"肯德基虚拟餐厅"集体上线

少了美食的旅行怎能完整？9 月初，肯德基即联手百度地图，借助其语音搜索技术、全景地图技术及地图资源启动 O2O 战略合作，第一家百度官方认证的"肯德基虚拟餐厅"1.0 版本随之诞生。

国庆前夕，肯德基再进一步，将遍布全国的 4800 多家餐厅悉数搬上百度地图平台，打造为"肯德基虚拟餐厅"，打开百度地图移动端主页，附近肯德基的餐厅信息、特色活动，以及专为百度地图虚拟餐厅推出的定制套餐等一系列活动尽收眼底。人在旅途的消费者无论身在何处，再也不用担心找不到美食。

依托百度在"连接人与服务"方面的技术优势以及丰富的实践经验，肯德基通过线上终端的"肯德基虚拟餐厅"作为场景化入口，结合遍布全国的线下门店，打造了完整的服务闭环，实现了对消费者前所未有的广泛覆盖，这也充分契合了肯德基品牌进一步智能化、数字化的理念。在构建独具特色的 O2O 服务平台的同时，也为消费者提供了一站式生活服务入口。

人在旅途　想吃汉堡一声吼

语音搜索技术的商业化应用，无疑是肯德基与百度地图合作的一大亮点。数据显示，用户不仅倾向于使用移动端进行搜索，更在追求多元化的搜索形式。紧密把握年轻人独有的媒体接触习惯，或将成为肯德基的又一招妙棋。

现在，无论消费者身在何处，只要拿出手机，使用百度地图的语音搜索功能，冲着话筒大喊一声"我要吃汉堡"，身边最近的"肯德基虚拟餐厅"和丰富的团单选择就会跃然眼前。

热衷互联网尝鲜的上海消费者梁小姐在第一时间体验了这一功能后表示，语音搜索结果不仅比想象中延时短，更惊人的准确，在嘈杂环境下和安静环境下均能准确搜索出距离自己最近的肯德基餐厅。

出发吧，跟着肯德基去旅行!

不仅如此，肯德基更邀请消费者们在长假期间，通过"肯德基虚拟餐厅"完成一次从指尖到舌尖的旅行，票选出全国各地的肯德基餐厅之最。

近年来，肯德基新的餐厅呈现出越来越多样的风格设计，在保持自身文化特质的同时，往往会融合当地文化，成为城市的另一道风景。旅途中的餐厅对于消费者而言，不单单是味觉的拯救，更可从诸般细节中感受到不同地方的风土人情。

然而，肯德基在中国的 4800 多家餐厅中，究竟哪一家最美?是 1987 年开张，迄今已有近 30 年历史的中国第一家肯德基餐厅——肯德基北京前门餐厅?或是地处海拔1407 米的群山深处，位于恍若仙境一般的电影《阿凡达》《大圣归来》《捉妖记》取景地的肯德基湖南张家界餐厅?还是与碧海蓝天融为一体的肯德基三亚亚龙湾餐厅?风格各异，不亲自登临，只怕难分轩轾。

10 月 1 日至 7 日国庆长假期间，肯德基在全国范围内精选出了 50 家各具风情的餐厅，在百度地图平台上展开了"出发吧!寻找肯德基之最"活动，邀请消费者欣赏百度全景图片，共同评选出心目中最具特色的肯德基餐厅。活动中，消费者不但可以随时随地发现身边不一样的肯德基餐厅，还可以心随意动，亲手点评、票选出心目中最为独特的肯德基餐厅，更有机会获得 3000 元的旅游代金券、肯德基蛋挞及手机话费等礼品。

史上最甜蜜的"最后三公里"

最后三公里，是摆在包括肯德基与百度地图在内所有 O2O 巨头面前的又一挑战。与百度地图一起，通过在线上分发特别优惠吸引消费者，再将线上资源有效地引流到线下，进一步加快了肯德基在中国的数字化步伐。

国庆长假期间，肯德基将在全国 4800 多家餐厅周边施以人工"降雨"，备足了 100 万枚葡式蛋挞，期待与所有正在旅途中的消费者甜蜜相遇。国庆期间，所有"肯德基虚拟餐厅"的周边三公里以内，将不定时空降史上最甜蜜的"蛋挞雨"。

这是肯德基基于移动定位服务，通过"最后三公里"的服务延展，引导从线上到线下消费者流量变现的又一实践。只要消费者身处线下任一肯德基餐厅三公里范围内，打开百度地图搜索肯德基，根据提示移动即有机会获得这份雨露均沾的幸运。

O2O 的创新永无止境。国庆长假里，肯德基与百度地图将共同打造全新的旅行体验，从最简单的"吃吃吃，买买买"升级为移动化的创新玩法。想要美味与美景并存，跟着肯德基走就对了！

(本文来自四川在线-天府早报)

此篇食品行业软文算是一篇行业动态，这样的软文比其他软文显得更直接，没有过多的铺垫，而是直接进入主题，以某个企业的产品动态为主，来让人们知晓有这么一件事情。一般来说，这样的软文比较适合一些广为人知的品牌、产品，这样的效果比较好。

这类食品软文最好不要只是枯燥无味地将产品动态推到读者的面前，还是需要将产品动态与消费者的生活衔接在一起，这样才能勾起读者对企业产品的需求。

此篇食品行业软文，就是将肯德基与百度携手推出的 O2O 新模式和旅游衔接在一起，并介绍这样一个品牌产品能给人们带来怎样的便利，让读者产生使用欲望，实现人们不管身在何处只要运用肯德基 O2O 就能随叫随到地享用美食，这对于那些吃货来说是不错的福利。

• 专 家 提 醒

不管是产品动态还是行业动态软文，都需要将动态与消费者的需求相结合，使文章推广目的不显得那么的苍白，给读者一个将文章读完的理由。

12.3.4　HTC 软文营销案例

下面是一篇名为《HTC 推出 M9 粉色限量版　跟玫瑰金没关系》的数码行业软文，这是一篇活动性的数码软文，下面就来欣赏此篇软文的魅力。

HTC 推出 M9 粉色限量版　跟玫瑰金没关系

在 iPhone 6s 传言要推出玫瑰金色不久，很多厂商相继开始推出跟玫瑰金颜色相近的粉色版手机，据悉最近 HTC 也推出了粉色版 M9，但并非跟风，每年的 10 月为世界乳腺癌防治月或警示月，HTC 借此呼吁大家去关注乳腺癌以及乳腺癌患者。

此次推出的粉色 M9 在配置方面和普通版并无差异，机身背部采用红色配色，但两条信号带的颜色为粉色。共有两款机器推出，其中一款背部 Logo 下方带有一个红丝带标志。两款手机均为限量版。

据悉购买限量版 M9 的用户都将获得价值 149.99 美元的谷歌 Play 商店礼品卡和一个粉色的 Dot View 立显保护壳，活动时间为 10 月整月，活动期间在官网购买粉色保护壳可享受 7 折优惠。通过推出新配色手机来引发大家对健康的关注，HTC 也称得上一家有情怀的厂商。

(本文来自泡泡网)

这篇数码行业软文是一篇活动促销式软文，下面就来详细分析此篇软文的写作。

此篇数码行业软文的标题有两个部分组成。

- 前半部分运用了直接式标题，将 HTC 手机推出新产品 M9 粉色限量版手机道出来。
- 后半部分运用了热点式标题，将最近的热门话题 "iPhone 6s 传言要推出玫瑰金色" 运用到标题上。

软文一开篇，就将 "HTC 推出粉色版 M9 手机" 与跟风 "iPhone 6s 推出玫瑰金色" 事件给规避掉，并直言 "每年的 10 月为世界乳腺癌防治月或警示月"，而 HTC 在 10 月推出粉色 M9，只是借此呼吁大家去关注乳腺癌以及乳腺癌患者。这样的做法无疑让读者对 HTC 粉色 M9 有了不一样的看法，也会有读者认为 HTC 是一个富有爱心的企业，进一步增长了读者对 HTC 手机的喜爱。

图文并茂地将卖点 "限量版" 给体现出来，勾起读者心中的支配权，以 "限量" 来制造紧迫感和独一无二之感。

最后面一段就开始介绍 M9 粉色限量版手机的促销活动，进一步促使读者去关注 HTC 新推出的 M9。

207

•专家提醒

　　这篇数码行业软文，有点投机取巧，在开头就将 "呼吁大家去关注乳腺癌以及乳腺癌患者" 搬出来，让读者沉浸在 "爱心" "温暖" 的氛围中，读者也不会再去追究是不是软文，而是会基于 "爱心" 将此文读下去。

12.3.5 凯美瑞软文营销案例

下面是一篇名为《全新凯美瑞苏州试驾团购会圆满成功！》的汽车行业软文，这是一篇产品软文，下面就来欣赏此篇汽车行业软文的写作。

全新凯美瑞苏州试驾团购会圆满成功！

2015 年 5 月 31 日广汽丰田全新凯美瑞试驾团购会在苏州运河公园成功举行，众多客户在现场参与了试驾活动，零距离体验了这款广汽丰田主打车型，其中多组客户现场下定。

2015 款凯美瑞与以往不同，它不仅外观变化明显，还采用了新的 2.0 缸内直喷发动机和 6AT 变速箱动力组合，可谓是一次家族史上最大的中期改款。此次我们来体验一下它的实际表现如何。

外观：前脸更犀利有感

此次全新凯美瑞在外观方面最大的变化就是前脸了。它遵循了丰田家族脸谱设计，整体看上去类似美规混动版凯美瑞，不过在细节上还是有所创新的。和之前那种看上去方方正正的车头造型相比，新车采用了活跃的曲线，镀铬材质的使用量也有所降低，与此同时车身外围也加入了强烈的运动元素，使得整辆车显得更年轻时尚。车身尺寸方面，全新凯美瑞的长宽高分别为 4850 毫米、1825 毫米和 1480 毫米，这样的车身尺寸在目前的同级别中属于主流水平。它的轴距仍维持 2775 毫米不变，与雅阁和天籁持平。

内饰：整体氛围没有变化

内饰方面，全新凯美瑞的中控台造型有小幅改动，不过看上去也跟之前差不多，各种功能操作布局都基本维持原样，按键还是大方块造型，操作起来非常直观，上手毫无难度。中控台用料以软性搪塑材质为主，只是摸起来还是有点硬。车内的做工表现不错，各种部件都装配得很细致。座椅和各种扶手均由皮革材质包裹，质感很舒适，令人满意。豪华版内饰为上深下浅的配色，比较居家一些。而且它的配置更丰富，装备 6 英寸触摸显示屏 DVD 娱乐系统，带倒车影像功能，还有座椅加热、副驾驶座椅电动调节和老板键，满足家用和一部分商用功能。

动力系统：双擎是亮点

全新 2.0L 直列四缸发动机在技术上拥有许多亮点。其最大功率达到了(167 马力)123 千瓦/6500rpm，最大扭矩 199 牛·米/4600rpm，同级车中变速箱方面，现款的 4AT 变速箱终于完成了历史使命，取而代之的则是经过全新调校和优化的 6 速手自一体变速箱。这是丰田标志性的 D-4S 双喷射系统首次出现在国产车型上，系统提供两个喷油嘴，除了缸内直喷的喷嘴以外，还在进气歧管内设计了一个喷嘴。该系统可以根据行驶状况在缸内直喷与歧管喷射之间进行智能切换，综合缸内直喷和歧管喷射二者的优点，在提升动力的同时达到更出色的经济性。发动机启动时，采用进气歧管喷射，使油气混合更均匀并降低氮氧化物排放；低中负荷时，采用混合喷射，提升扭矩，降低油耗；高负荷时，采用缸内直喷，可有效降低气缸内温度，提升功率。

驾驶感受：平顺舒适仍是基调

D 挡下，油门初段丝毫没有轻快的感觉，反而十分沉稳，变速箱非常乐于升挡，这样能让发动机在低负荷工况时尽量以阿特金森循环来降低油耗。转向系统并没有发生变化，方向盘直径仍是几款主流日系中型车中最大的，转向比也不小，左右打满整整三圈。转向助力沉稳，日常驾驶给人轻松惬意的感觉，但在激烈驾驶时显得不够灵活。悬架仍是前麦弗逊后双连杆的结构，运动潜力有限，不过论舒适性，它依旧维持着现款的高水准，对此我们完全无须担心。为了提升操控性，丰田还在 2.0S 车型上增加了带压力平衡装置的动态平衡稳定杆，它可以有效增加车身的横向刚性，使其在极限状态，获得更好的稳定性。

此外，凯美瑞车内的静谧性也得到了提升，中低速行驶过程中，噪音值相比现款都有所降低。在我们一天的体验中，凯美瑞确实在隔音降噪上给人留下很不错的印象，即使在下着雨的高速公路上，车内仍然足够安静。

总结：

2015 款凯美瑞的变化充满了惊喜，它不仅外观变得更加时尚动感，动力方面，现款凯美瑞共计有 2.0L、2.5L 和 2.5L 混动三款动力总成，新款凯美瑞将用全新的 2.0L 发动机替换现款，全新发动机(6AR)最大功率 167 马力(123kW)，相比现款的 150 马力 1AZ 发动机提升不少，值得一提的是这款新发动机还采用全球首发的双喷射系统直喷引擎(缸内直喷+歧管喷射)，最大扭矩则达到 199Nm，最低油耗 7.0L/百公里。

(本文来自石家庄锐源汽车销售有限公司)

此篇汽车行业软文是一篇"促销+活动+产品"的品牌营销软文，其重点主要在介绍产品的功能上，其他亮点用来增加粉丝对品牌的认知，下面就来详细分析此篇汽车行业软文的写作。

此篇汽车行业软文的标题，可以让读者觉得这是一篇行业新闻的文章，并且以"团购""试驾""圆满成功"这 3 个方面体现出"活动"与"促销"的意味，让读者想知道自己错过了哪些比较实惠的活动，从而点击阅读。

文章的一开篇就表明出了活动的时间、地点、主角、事件，与标题形成了呼应。

此篇汽车行业软文，将从 3 个方面介绍"2015 款凯美瑞"，以产品的功能经行分段并且还分出了 3 个"二级小标题"，让读者更加形象、快速地了解"2015 款凯美瑞"的性能。

最后以"总结"作为全文的结束语，用几句短短的话语将"2015 款凯美瑞"给人们带来的惊喜，总结性地表达出来，让读者更加深刻地记住此款汽车，增强了品牌营销的效果。

• 专 家 提 醒

　　软文撰写者在进行"产品汽车软文"的撰写时，可以充分地运用其汽车的性能，将汽车比较突显的性能诠释出来，并以汽车性能分段，命名二级小标题，这样便于读者进行阅读，更能将汽车性能给体现出来。

第 13 章

互动论坛：让品牌与消费者创建亲密关系

学前提示

论坛推广是指企业在某些论坛中，通过发帖、顶帖、互动等方式进行系统营销宣传和长期内部渗透，从而打造属于品牌自己的论坛圈和人气，论坛营销是品牌营销的一大利器。本章主要探讨品牌企业论坛推广的相关内容和营销策略。

互动论坛：让品牌与消费者创建亲密关系

先行了解

营销策略

案例分析

13.1　先行了解

　　随着网络越来越深入人们的日常生活，互动论坛正在慢慢地改变着品牌企业的营销策略与方式。互动论坛又叫"电子公告板"，简称 BBS(全称为 Bulletin Board System 或者 Bulletin Board Service)，是因特网上的一种电子信息服务系统，通过该系统，用户可以进行如图 13-1 所示的活动。本节为读者介绍论坛的相关知识。

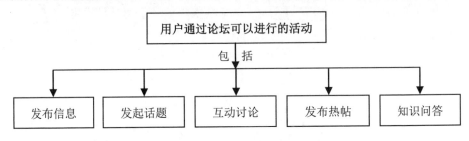

图 13-1　用户通过论坛可以进行的活动

13.1.1　关于论坛推广营销

　　什么是论坛推广营销？论坛推广营销就是企业通过在论坛发帖的方式与粉丝进行互动交流，将品牌理念、品牌形象、品牌创新等内容通过论坛传递出去，以提升品牌口碑、美誉度、用户数量的推广活动。论坛推广营销的具体步骤介绍如图 13-2 所示。

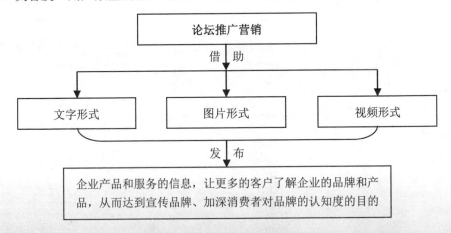

图 13-2　论坛推广营销的相关介绍

13.1.2　论坛推广营销的特点

在众多的网络营销推广方式中，论坛推广营销是最古老的方式之一，一直被众多企业运用并沿袭至今，为什么呢？这都是因为论坛推广营销有诸多的优点，如图 13-3 所示。

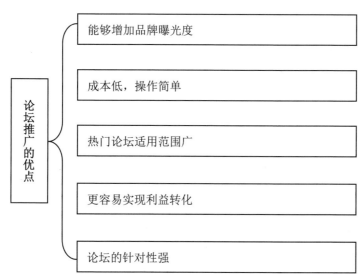

图 13-3　论坛推广的特点

1) 能够增加品牌曝光率

运用论坛进行品牌推广，可以采用"借势"的营销方式增加品牌的曝光率，提升品牌的知名度，比如在一些用户量庞大的知名论坛上，把帖子打造成热帖，从而提升用户的关注率，以此来增加企业品牌的曝光率，树立起企业网站、企业品牌的光辉形象。

2) 成本低，操作简单

论坛推广从注册到发帖都免费，所以几乎不需要什么成本，而且论坛推广的操作非常简单，只需要发帖、顶帖和回复就可以了。

论坛推广难就难在推广的内容，其关键在于作者的写作功底和文章的质量，如果品牌企业能够在一些大型论坛里打造出一篇热帖，推广的效果会从几十倍扩大为几百万倍。

3) 热门论坛适用范围广

大部分的品牌企业都愿意选择论坛进行推广，尤其是选择热门的论坛，在里面找到目标用户集中的论坛版块发布信息，可以获得很好的品牌推广效果。有很多人说论坛只适合电子商务类的网站推广，其实，其他类型的网站如果能正确地使用一些手段进行论坛推广，也会有比较好的效果。

随着论坛推广持续升温，为了帮助企业快速提升企业形象，一些论坛营销推广平台辅助软件相继出现，如论坛自动回复软件、网络营销软件等。

4）更容易实现利益转化

现在很多人都不喜欢看广告，一见着广告就立刻走人，为了避免出现这种情况，企业只要在论坛里发挥一些创意，让广告不那么直白，就能让产品宣传有一定的深度，容易激起消费者的认同、在心理上引起共鸣，从而采取购买行动。

论坛作为一个人流量比较庞大的网络平台，集聚了世界各地的眼光，只要企业的帖子能让网民们积极参与，那么利润转化都是简简单单的事了。

5）论坛的针对性强

论坛推广可以让品牌企业针对特定的目标群体进行有针对性的宣传活动。因为论坛中有很多分类，比如你可以在数码版块中放置电子产品、在女性版块中推销减肥产品等，每一个版块都有特定人群，企业只要把软文放置在正确的版块中，目标人群就很容易获取。

13.2 营销策略

介绍完什么是论坛推广，让读者明白了理论知识，那么接下来，笔者带领大家一起领略论坛推广的营销策略。

13.2.1 选择人气论坛发帖

品牌企业想要在论坛里将帖子炒起来，就必须选择一个人气论坛。那么如何筛选人气论坛呢？可以通过网上的数据或者百度等搜索引擎来了解论坛。

而且不同的主题应该选择不同的论坛，企业可利用"站长之家"做一个筛选表格，在"站长工具"里查询论坛的百度权重、ALEXA 排名、站链接、PR、建站时间、反链数等，如表 13-1 所示。

表 13-1　人气论坛横向 PK 表

论坛名称	百度权重指数	ALEXA排名	站内链接数	PR 值	建站时间	反链数
天涯	9	全球综合排名：64 中文排名：12	814	6	2003.03.17	2432
猫扑	6	全球综合排名：5414 中文排名：458	321	7	1999.09.19	6736

由上表综合可对比出天涯论坛比猫扑论坛的人气要稍微高一些，企业可以自己做一个人气论坛横向 PK 表，来选择几个人气高的论坛，切记投放软文的论坛不可太多，要量力而行，根据自身的能力来选择，而且用户群要精准，选择合适的地点投放，才不会做"无用功"。

13.2.2 多注册账号做铺垫

现在很多论坛都采用 QQ、微信、微博一键登录，当然也有原始的注册登录方法。品牌企业在做论坛推广之前，首要任务是多注册几个账号，这些账号可以为以后暖帖、顶帖打下基础。

笔者就拿注册新浪论坛为例，一步步带领大家实操。

步骤01 在百度搜索关键词"新浪论坛"，找到新浪论坛官网并单击进入，如图 13-4 所示。

图 13-4 找到新浪论坛官网并单击

步骤02 执行操作后，找到新浪首页上的"登录"按钮，把鼠标放置在上面，就会弹出一个框，单击"立即注册"按钮，如图 13-5 所示。

图 13-5 单击"立即注册"按钮

• 专 家 提 醒

　　如果企业有新浪论坛的账号，不妨多注册几个，以便"顶"帖子。除此之外还可以利用扫二维码、新浪微博、博客、邮箱账号直接登录。

　　步骤03 执行操作后，单击"邮箱注册"按钮，一步步填写注册信息，如图 13-6 所示。

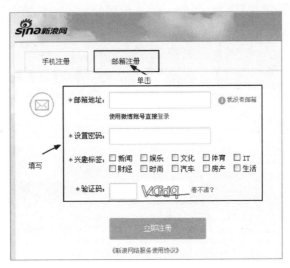

图 13-6　单击"邮箱注册"按钮，填入注册信息

• 专 家 提 醒

　　如果邮箱不够，可以在 163 邮箱、126 邮箱、新浪邮箱等 E-mail 网站多注册几个，它们注册门槛不高，利用注册字母邮箱连续注册好几个都没有问题。笔者不赞成用手机注册，因为其局限性太明显，手机注册账号的多少是凭借你手机号码的多少，不太方便。

　　步骤04 执行操作后，就进入填写的注册邮箱去验证账号信息，如图 13-7 所示。
　　步骤05 进入邮箱后单击链接，如图 13-8 所示。
　　步骤06 执行操作之后，页面就会跳转到新浪通行证，证明注册成功，接下来就靠自己完善资料了。

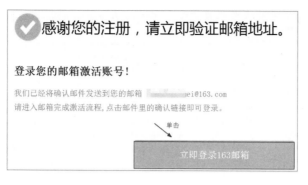

图 13-7　登录邮箱验证注册信息

图 13-8　单击认证链接

13.2.3　设置论坛个性签名

论坛个性签名，是指在论坛里，用户在帖子底部显示的文字、图像、链接，论坛个性签名有两大用处，如图 13-9 所示。

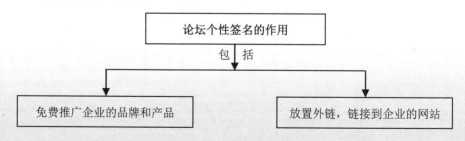

图 13-9　论坛个性签名的作用

论坛签名一般有三种模式，如图 13-10 所示。

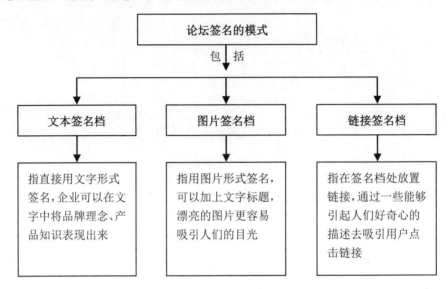

图 13-10　论坛签名的模式

•专 家 提 醒

　　对于链接签名档，有等级和积分的限制，如果等级比较小，可能就会出现不能设置的情况，那么企业就只能放弃设置网站链接。

　　当账号达到一定的等级时，就可以设置网站链接了，如果没有超链接符号供选择，可以直接添加锚文本或者超链接，但前提是企业必须了解基本的签名代码。

　　做好签名设置之后，想要使论坛的链接发挥出更好的效果，就必须要注意如图 13-11 所示的两方面的内容。

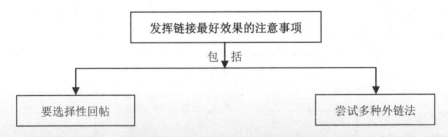

图 13-11　发挥链接最好效果的注意事项

1）要选择性回帖

企业进行论坛推广，目的是宣传品牌和产品，加深用户对企业品牌的认知，因此不要什么帖都去回复，应该选一些人气高的帖子、比较有特点的帖子进行回复，那样既不浪费时间又可以获得一定的效果，如图 13-12 所示。

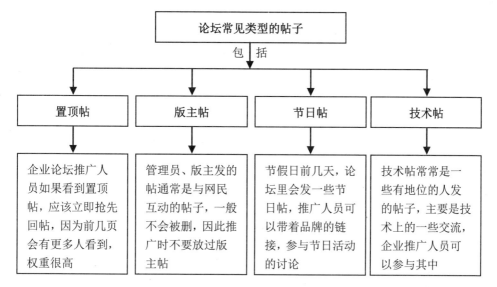

图 13-12　论坛常见类型的帖子

2) 尝试多种外链法

论坛链接签名只具有短期的效果，虽见效快但是消失的也很快，企业想要发出去的链接长久的不被删除，就必须要无时无刻地在论坛里回帖、选帖，所以短期外链在人员充足的情况才能有成效。

在人员和成本的考虑下企业要尽量尝试其他的外链方法，不要只专攻论坛链接签名档，企业可以同时采用一些长期的外链方法，途径一般有博客、空间或者百度知道等，这些长期外链对于企业来说能节省很多工作量。

13.2.4　用软文吸引消费者

发帖是论坛推广的重中之重，帖子是维持论坛活力不可缺少的因素，逛论坛看帖子已成了网上浏览的重要组成部分，因此只要帖子写得好，才能吸引网民阅读、回帖，甚至是转发。

想要在论坛上进行品牌推广，就得发软文，在这个眼球经济的时代，网民就是企业决定在论坛上炒作软文帖子的重要因素。如何把软文帖子写的有吸引力呢？笔者总结了以下 4 种方法，如图 13-13 所示。

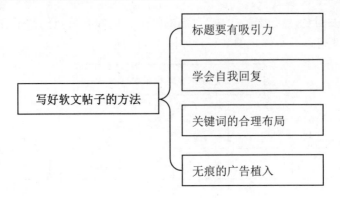

图 13-13　写好软文帖子的方法

1) 标题要有吸引力

如今，是一个快节奏的时代，大部分网民上网的初衷就是在互联网上寻求一些放松，花费大量的时间，在互联网这个海量资讯媒体上，把所有的文章都看完，那是不现实的，因此企业必须抓住用户对信息新奇度高的特点，利用足够吸引人眼球的标题，赢取高点击率。

如某品牌面膜产品活动营销在进行帖子炒作过程中，帖子标题由"史上最有效的面膜"改为"面膜使用方法，你知道吗？""你还在用面膜杀手吗？"后，点击率由每天 400 多飙升至每天 8000 多，可见，标题的撰写是多么重要。

在撰写标题的时候，企业要站在消费者的角度来思考，选择出最能吸引消费者的标题。现笔者总结了如图 13-14 所示的几点写标题的注意事项，供企业参考。

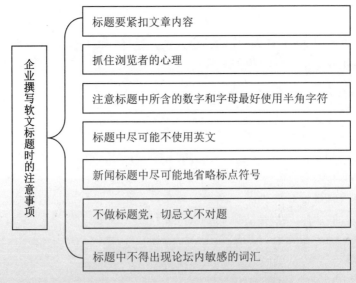

图 13-14　企业撰写软文标题时的注意事项

2) 学会自我回复

在论坛里有些帖子会出现高点击低回复的情况，这样的帖子很容易沉底，没有多大用处。发帖者要学会给自己回帖，利用自己其他的账号，在不同 IP 的情况下，给自己的帖子回复不一样的东西，要知道自助者天助，只要不露出太多的马脚，不要让每个账号回复的评论语气雷同，就差不多可以让自己的帖子暖起来。然后就能得到流量，吸引大片网民"围观"。

・专 家 提 醒

这是在账号足够多的情况下，才能得到这么个效果，如果没有几个账号，在自己暖帖这一过程中，就会无法动弹，只能放弃论坛推广。

3) 关键词的合理布局

企业在撰写软文时，不能只注重软文的质量，还要注重关键词的密度分布。关键词能起到很重要的作用，读者读完一篇文章后，关键词在文中出现的频率决定了该关键词在读者脑海中留下的印象，同时，关键词还决定着软文被搜索引擎收录的概率，如果关键词密度大，能够增加软文被阅读的人数。

有人说过，一篇好的软文，不仅仅是那种用华丽的辞藻堆积而成的，应该是关键词贯穿整篇软文，却不让网民在阅读时很轻易地发现。

4) 无痕的广告植入

如果企业发布的软文是为企业做品牌宣传的专用广告帖，那么软文的撰写就一定要有技术含量，将广告巧妙地植入才是最高明的手法。

13.3 案例分析

很多品牌企业通过论坛成功实现了的品牌的推广和营销，接下来笔者就为读者介绍几大成功的论坛营销案例。

13.3.1 安琪酵母之论坛营销案例

安琪酵母股份有限公司是国内最大的酵母生产企业。在人们的常识中，酵母是很少被直接食用的，安琪酵母公司却生产出了可以直接食用的酵母粉。

对酵母粉的推广，安琪酵母公司选择了论坛这个途径，为了不让版主和用户感到反感，安琪酵母开始在一些有影响力的社区论坛里制造话题，当时恰好出现了很多关于婆媳关系的热播剧，婆媳关系一度引起很多社会人士的关注，于是安琪酵母策划了《一个馒头引发的婆媳大战》的故事。

帖子发出去后，引发了很多网友的讨论，从婆媳关系讨论到酵母不仅能蒸馒头还能直接食用的特点，再从酵母的特点中精练出了酵母的重要功效——减肥。

　　于是，帖子一经转载，就立刻引起了众人的关注，而最重要的是，网友在关注婆媳关系的同时也记住了酵母的重要作用——美容减肥。

　　为了增加可信度，安琪酵母又在新浪、新华网等具有影响力的网站发布新闻，短短时间内，让安琪酵母公司的电话量陡增。而用户在百度上输入与"安琪酵母"相关的关键词，就会立即显示出相关搜索结果，由此，安琪酵母获得了较高的品牌知名度和关注度。

13.3.2　贝因美之论坛营销案例

　　"三鹿事件"发生后，人们对奶粉的关注度居高不下，而随着奶粉的全面涨价，更是在群众中激起了一层风波，在论坛中，可以搜到很多关于奶粉的帖子，其主要的话题集中在如图 13-15 所示的几个方面。

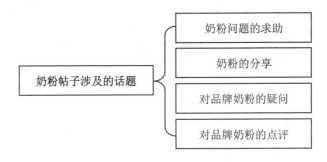

图 13-15　奶粉帖子涉及的话题

　　在严重缺乏品牌积极引导、品牌奶粉积极布局论坛的前提下，贝因美顺势而上，首先，对消费者进行分析，发现大部分消费者关注的都是奶粉的品牌、价格以及成分，很少有人关注奶源，于是，贝因美以"选奶粉，我看重奶源！"，"全球奶源知多少"的话题为切入口，再结合"冠军宝贝奶粉"活动，与天涯论坛、红孩子论坛、新浪论坛等权威论坛或网站进行合作，实施了全新的论坛营销策略。

第 14 章

SNS 社区：社会化媒体时代
品牌成功之道

学前提示　　　　SNS 推广在网络营销中是一个很特别的存在，它可以结合游戏进行推广，并且这些游戏都很大众化，可以增加用户的黏度，是企业在网络营销中做推广必不可少的一部分。本章主要探讨品牌企业 SNS 社区推广的相关内容和营销策略。

SNS 社区：社会
化媒体时代品牌
成功之道

先行了解

营销策略

案例分析

14.1　先行了解

SNS 推广是利用各种 SNS 网站进行推广，面对的用户群很广泛，可以帮助品牌企业更准确地找到目标用户。品牌企业可以在有针对性的网站进行推广，也可以去综合网站进行推广，可以广泛地找寻目标用户，更能利用游戏进行推广，不可否认 SNS 推广是强大而简单的。

14.1.1　关于 SNS 社区推广

SNS，全称为 Social Networking Services(社会性网络服务)，是指帮助人们建立社会性网络的互联网应用服务，如短信 SMS 服务。

另一种 SNS，全称为 Social Network Software(社会性网络软件)，这些软件让用户能够在网络上和他人交互并分享信息，如 wiki、Blong。

还有一种 SNS，全称是 Social Network Site(社交网站)，是指个人之间的关系网络，这是一种基于社会网络关系系统思想的网站，如博客、人人网。

SNS 推广，就是指利用社交网络平台上的功能进行推广，从而提高品牌形象、企业信誉、促进产品销售的一种品牌营销方式。

14.1.2　SNS 社区推广的特点

在互联网营销工具中，SNS 社区营销工具非常受品牌企业的青睐，通过 SNS 社区营销工具进行品牌营销，一般都可以收到良好的推广效果，这与 SNS 社区推广具有的特点是分不开的，如图 14-1 所示。

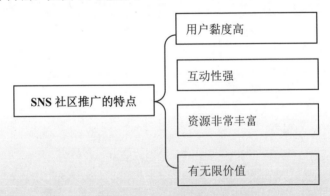

图 14-1　SNS 社区推广的特点

1) 用户黏度高

在 SNS 网站上，用户可以很容易通过网站的资源或者他人提供的资源找到自己想要的信息，除此之外，通过 SNS 网站，用户还能认识很多志同道合的人，或者找到老乡交流，或者和朋友分享每天的心情等，正因为这样，SNS 网站逐渐形成了一定的用户群体，并有较高的用户黏度。

2) 互动性强

通过 SNS 社交网站，用户可以实现以下的互动内容。

● 　用户可以分享或者发布一些消息给好友，而好友可以及时回复；

● 　用户能够就自己喜欢的、当下热点的话题与网友进行讨论；

● 　用户可以通过发起投票、提问等方式与投票、回答问题的用户进行互动。

3) 资源非常丰富

SNS 网站由于人员分布广，且涉及各行各业，因此，SNS 网站的资源非常丰富，这些资源是由广大用户在使用中慢慢地帮助 SNS 网站积累起来的。

4) 有无限价值

SNS 的无限资源给网站创造无限价值，用户通过 SNS 可以结交朋友、写日志记录自己的生活或者发软文来推广自己的网站，还可以利用 SNS 的丰富人脉找到工作或者在 SNS 网站找寻问题的解决方案等，这些都体现了 SNS 网站的价值所在。

如今 SNS 网站已经慢慢走向了移动化、社交化、大数据化，而这每一点都能代表互联网的一侧，如果品牌企业把 SNS 网站整合起来推广，那么必然是使企业在网络营销里成功的大功臣。

14.1.3　SNS 网站分类

SNS 给网民们带来了网站平台、软件服务、信息服务等，根据其不同特性，可以将 SNS 网站分为如图 14-2 所示的 3 类派系。

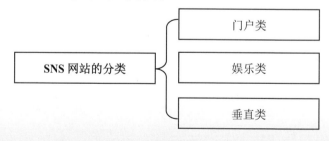

图 14-2　SNS 网站的分类

1) 门户类

门户类 SNS，是一些门户网站利用 SNS 服务对网站进行的补充和完善，基本上不会单独作为一个盈利项目，如 QQ 空间、搜狐"白社会"、新浪博客、淘宝的"淘江湖"等，他们利用自身强大的流量及用户，发展迅速。

2) 娱乐类

随着互联网技术的发展，娱乐类 SNS 网站渐渐从学生化娱乐领域延伸到了大众化娱乐领域。娱乐类 SNS 网站主要以开心网、城市达人为代表，其中开心网以在线游戏为核心吸引用户。

3) 垂直类

垂直类 SNS 是由垂直信息门户或者社区发展转变而来。目前，国内比较活跃的垂直类 SNS 网站主要有以下几类，如图 14-3 所示。

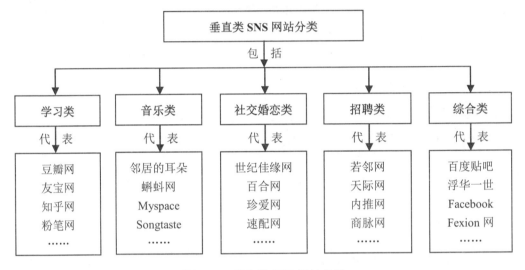

图 14-3　垂直类 SNS 网站分类

(1) 学习类 SNS 网站。该类网站以鼓励用户学习、交流为主；

(2) 音乐类 SNS 网站。该类网站主要是提供一个音乐分享、交流平台；

(3) 社交婚恋类 SNS 网站。这类网站为寻求婚恋交友关系的用户服务；

(4) 招聘类 SNS 网站。这类网站以发布招聘信息或者应聘心得为主；

(5) 综合类 SNS 网站。这类网站主要以为用户提供生活、社会、文化、教育、娱乐、文学、经济等综合信息为主。

14.2　营销策略

上面讲解了 SNS 平台推广的特点和 SNS 网站的分类，下面笔者为大家介绍 SNS 社交网站的营销策略。

14.2.1 目标用户、目标网站定位

企业在进行互联网品牌推广的时候，不管用哪种网络营销方法进行推广，首要任务都是要根据自己品牌定位进行目标用户的选择，而做 SNS 社区网站推广也是一样，第一步是进行目标用户的定位，然后就是根据目标群体选择推广的网站。

比如企业用户针对的是 IT 群体，那么就选择海内网、朋友网等以 IT 人群为主的网站进行推广，如果企业用户针对的是商务人群，那么就去若邻网、天际网等以商务人群为主的网站进行推广。

14.2.2 完成注册

企业有了目标群体定位，并找到了目标网站后，就可以开始注册账号做推广了，以新浪博客为例，注册的步骤如下所示。

步骤 01 在百度上搜索"新浪博客"，然后单击进入网站，如图 14-4 所示。

图 14-4 单击"新浪博客"官网

步骤 02 在网页上找到"登录"区域，单击"立即注册"按钮，进入注册页面后，单击"邮箱注册"按钮，填写相应的注册信息，如图 14-5 所示。

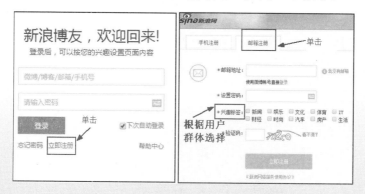

图 14-5 填写新浪博客账号注册信息

步骤03 完成注册信息填写后，单击"立即注册"按钮，会弹出一个需要验证邮箱地址的页面，单击"立即登录 QQ 邮箱"，随后跳转到邮箱页面，点击链接即可完成注册，如图 14-6 所示。

图 14-6　完成新浪博客账号注册

步骤04 执行操作后，页面跳转到用户页面，找到"完善资料"按钮并单击，填写资料信息。注意：信息越完整，账号的信誉度就越高，完善资料以后，返回上一页面，单击新浪服务下方的"博客"按钮，则会弹出一个小框，单击"立即开通"按钮，如图 14-7 所示。

图 14-7　完善资料后开通博客

步骤05 执行操作后，弹出新页面，企业可根据推广产品的目标用户群选择栏目并关注好友，栏目可以选择多个，选择完成后单击"完成"按钮，如图 14-8 所示。

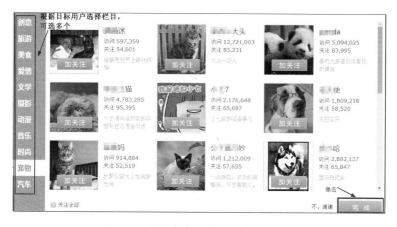

图 14-8　关注好友，单击"完成"按钮

14.2.3　利用 SNS 进行推广

实现目标用户、目标网站定位以及注册之后，企业要开始利用 SNS 网站进行多重推广，可以从以下几方面入手。

1) 头像

企业设置头像时，不要用太过商业化的头像，也不要放太多广告宣传语或者链接在头像上，因为那样容易引起消费者的反感。

2) 资料

将企业资料设置为所有人可见，让消费者能够一眼看到企业简介，吸引目标群体的关注，达到好的宣传效果。

3) 日志

想要提升品牌的认知度，就不能放过日志功能，日志功能很适合做软文推广，所以，企业要尽量做到每天一更新，同时通过分享、通知功能让所有好友都看到。

4) 内容

在推广内容方面，可以发布热门话题或者一些有趣的信息，不要一直放置硬广告，那样很容易引起消费者的厌恶。

5) 投票

企业偶尔展开一些投票活动也不错，投票不仅能够激起网民们的参与热情，还可以通过推广与投票相结合的方式，提高消费者对品牌的关注。

6) 评论

评论区也是一个企业应该善加利用的地方，通过互动以及品牌关键字眼的出现，可以提升消费者对品牌的印象。

7) 分享

在一些具有影响力的网站，企业可以通过分享软文、网站、视频等方式，来提升品牌以及产品的曝光度。

8) 群组

群组是一个相同兴趣群体集合的地方，企业可以通过关键词搜索加入与品牌相关的群组，通过发布软文、相册等功能，获得持久的曝光度。

14.3 案例分析

利用 SNS 社区网站进行营销，最重要的是运用并实践以上的几大营销策略，本节笔者就为读者介绍几大成功的 SNS 社区网站营销案例。

14.3.1 DELL 人人网营销案例

DELL 公司在很久以前就推出了互联网直销的经营模式，随着社会化媒体发展的日益旺盛，DELL 公司开始寻找更加创新积极的方式与消费者进行互动。

为了提升消费者对产品及品牌的认知，DELL 选择与人人网进行合作，通过通知、分享等方式将品牌信息传播给消费者。同时，DELL 还在人人网建立了 DELL 潮流旗舰店的公共主页，从多维度与消费者进行互动交流，如图 14-9 所示。

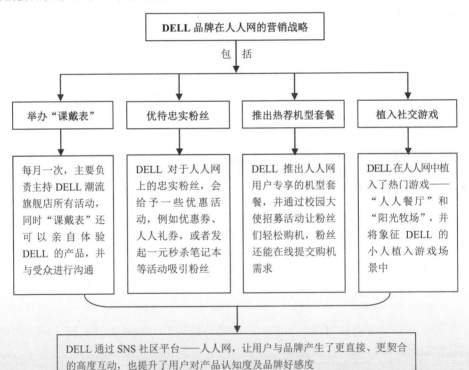

图 14-9 DELL 品牌在人人网的营销战略

14.3.2 NIKE 人人网营销案例

NIKE 作为全球著名的运动品牌，一直备受人们的喜爱，尤其 NIKE 旗下的 NIKE Sportswear(NSW) 系列产品，很受年轻群体的追捧，为了集聚更多的年轻用户群体，突显市场竞争优势，拉近品牌与用户之间的距离，同时将产品的品牌理念和品牌形象以消费者喜爱的方式传播出去，NIKE 在人人网建立了 NSW 公共主页。

NIKE 主要选择如图 14-10 所示的广告形式，实现与用户之间的互动。

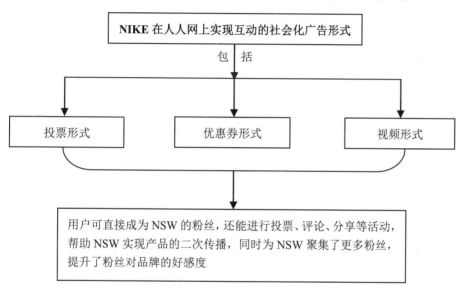

图 14-10　NIKE 在人人网上实现互动的社会化广告形式

第 15 章

其他营销方式：让企业出奇制胜的法宝

学前提示

　　随着网络营销的不断发展，相继出现了不同种类的营销方式，真的让受众应接不暇。很多企业也打开脑洞想出各种奇招，为自己创造效益。本章主要探讨品牌企业其他的营销推广方式。

其他营销方式：让企业出奇制胜的法宝

- 几种营销模式的理论扩散
- SEM 营销
- SEO 营销
- 电子邮件营销
- 微视频营销

15.1 几种营销模式的理论扩散

本节主要介绍如图 15-1 所示的 3 大互联网品牌营销模式。

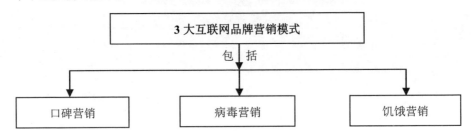

图 15-1 3 大互联网品牌营销模式

在前面章节里已经对这 3 大互联网品牌营销模式有了简单的阐述，本节将对这几大营销模式进行详细的阐述。

15.1.1 口碑营销的概念

口碑营销，是指企业在互联网品牌营销过程中，通过网民、潜在消费者口口相传，将企业的产品信息或者品牌传播开来的一种营销方式。

在互联网营销中，传播内容的优劣可以直接影响口碑营销传播的效果。如今，网民们对纯广告式的营销方式已经有了极高的免疫能力，企业想要达到良好的营销效果，就必须制造新颖的口碑传播内容，如图 15-2 所示。

图 15-2 口碑营销

由上图可见，网络营销里的口碑营销其核心在于"网民"，企业只要吸引住了网民的眼球，慢慢地就能形成一个巨大的讨论区域，随时随地聚集各地的网民参与话题讨论，从而把企业品牌或产品变成茶余饭后不可缺少的话题。

网络营销中的口碑营销，对于企业来说，有如图 15-3 所示的激励作用。

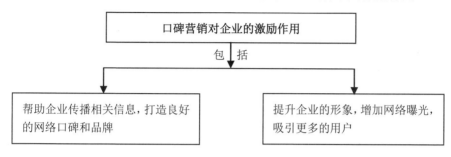

图 15-3 口碑营销对企业的激励作用

15.1.2 病毒营销的概念

网络营销中的病毒营销，又称病毒式营销、病毒性营销、基因行销或核爆式行销，是网民通过社会人际网络，将企业的品牌信息或产品信息像病毒一样不断地复制给其他网民的一种营销方式。其以传播效果明显、传播速度快、传播范围广等优势深得企业家的喜爱，是企业进行网络营销时常用的营销手段。

15.1.3 饥饿营销的概念

饥饿营销，是很多企业惯用的手段，它是指商家通过调低产量，制造出供不应求的假象，从而推出抢购、秒杀、限量销售等一系列营销策略，为高价销售和未来大量销售奠定基础。

饥饿营销被运用在互联网品牌营销里，有利有弊：有利的一面是饥饿营销若运用得当，能够让企业获得意想不到的效果；但如果被用户发现企业滥用饥饿营销，就会给企业品牌带来很严重的损害，良好的品牌形象也会一落千丈。

15.1.4 口碑营销的原则

美国作家安迪·塞诺威兹在《做口碑》一书中，提到了口碑营销的 5 个原则，即"5T 原则"，如图 15-4 所示。

1）谈论者(Talkers)

谈论者是"5T 原则"的起点，也就是会主动谈论自己的产品的对象，包括如图 15-5 所示的人员。

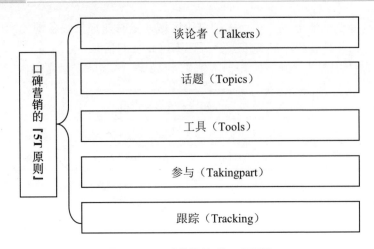

图 15-4　口碑营销的"5T 原则"

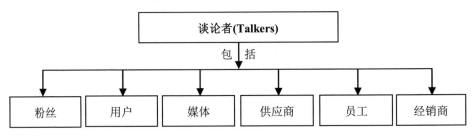

图 15-5　谈论者(Talkers)

专 家 提 醒

　　除了以上的"谈论者"之外，在宏观的互联网品牌营销环境中，还有很多角色能够成为口碑营销的起点。企业要做的就是满足这些角色的要求，只有满足了这些角色的要求，才能开启口碑营销之路。

2）话题(Topics)

话题就是人们自发自动开启口碑传播的源头，一般包括：

● 产品；

● 价格；

● 活动；

● 代言人；

● 亮点、热点、"痛点""痒点"等。

　　其实口碑营销就是制造一些出人意料又合乎情理的话题让人们进行讨论，在这个过程中，实现品牌形象和品牌理念传递、提高品牌认知度的目的。

3）工具(Tools)

帮助企业快速传递口碑营销的工具有很多，诸如：

- 微博；
- 微信朋友圈；
- QQ 个性签名；
- 论坛；
- 贴吧；
- 病毒式邮件；
- 网络广告等。

能否运用好这些工具是互联网品牌营销最具技术含量的一个环节，不仅需要对不同渠道的传播特点有全面的把握，而且广告投放的经验对工具的选择和效果的评估产生很大的影响。

4）参与(Takingpart)

品牌企业在利用互联网运行口碑营销的过程中，要积极主动参与到热点话题的讨论，与网民有一个良好的互动，才能实现品牌或产品口碑传播的目的。

·专 家 提 醒

其实网络中从来不稀缺话题，关键在于如何寻找到和产品价值、企业理念相契合的接触点，然后再利用接触点实行口碑传播。

5）跟踪(Tracking)

发起话题、形成口碑传播之后，企业还需要通过一个监测环节来将消费者的反馈和评论进行收集，从而制定下一步策略。

15.1.5　病毒营销的特点

病毒营销之所以受品牌企业的青睐，是因为企业通过病毒营销可以让营销信息快速地复制，然后像病毒一样向数以万计、百万计的受众传播和扩散。在笔者看来，病毒营销具备区别于其他网络营销方式的特点，如图 15-6 所示。

1）有潜在的庞大参与群体

病毒营销其实就是一种人际传播，它是一种群体效应，通过人际社会关系传播的渠道，将产品和品牌信息与用户之间建立某种联系，从而达到向受众植入品牌的目的。如一个网民在微博上看到了一个十分有趣的微博，他的第一反应或许就是转发这篇微博并@好友或私信好友，于是无数个参与的"转发军团"就构成了庞大的传播主力军。

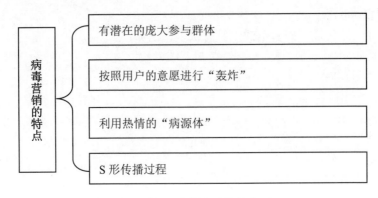

图 15-6　病毒营销的特点

2) 按照用户的意愿进行"轰炸"

病毒营销主要就是提高企业的知名度，起初有很多企业不管网民们的感受，就轰炸式地发给网民观看，很容易让网民反感。随着网络营销的快速发展，很多企业也注意到了这一问题，现在几乎没有什么企业不考虑网民们的感受轰炸式地逼着网民违愿接收。

病毒营销主要是通过人际关系进行传播，因此受众在接受的时候，意愿度更高；而且接收渠道也比较私人化，诸如：

- 手机短信；
- 电子邮件；
- 封闭论坛；
- 朋友圈；
- QQ 空间；
- 微博@好友。

这样的传播方式，比那种不顾消费者的感受进行轰炸式的传播方式更让人容易接受。

3) 利用热情的"病原体"

病毒营销是利用目标受众对品牌和产品的热情而发展壮大的，是几乎不需要成本的。而网民们为什么会傻傻地帮企业做广告呢？原因有两点，如图 15-7 所示。

4) S 形传播过程

病毒式营销通常呈现出 S 形曲线的传播理论，即在开始时很慢，当其扩大至受众的一半时速度加快，而接近最大饱和点时又慢下来。因此，企业要针对这一理论，在消费者热情度冷却下来之前，尽快将传播力转化为购买力。

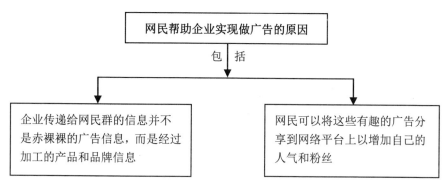

图 15-7　网民帮助企业实现做广告的原因

15.1.6　口碑营销和病毒营销的区别

很多人会把病毒营销和口碑营销混淆在一起，其实它们还是有一些区别的，不要看到它们都是利用网民互相传播就混为一谈，如图 15-8 所示。

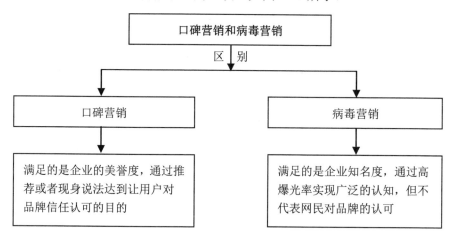

图 15-8　口碑营销和病毒营销的区别

15.1.7　口碑营销实战步骤

不管是在线上还是线下，口碑营销都是企业进行营销活动的好帮手。不过很多企业在进行网络营销中的口碑营销活动时，都会遇到各种各样的难题，甚至出现无从下手的情况，从而有很多企业就打了退堂鼓或是不重视口碑营销。

这是不对的，一种营销方式的盛行，必然有它自身的优点和好处，企业既然选择了一种网络营销方式进行营销活动，就要坚持到底并且做到最好。下面就为大家提供一个网络口碑营销实战思路，供企业参考借鉴，如图 15-9 所示。

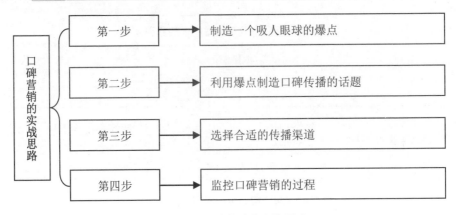

图 15-9　口碑营销的实战思路

1) 制造一个吸人眼球的爆点

企业想要做好互联网口碑营销，首先要制造一个吸人眼球的爆点，这样才能让更多的网民去关注、讨论、评论。这个爆点要让网民对其感兴趣，并自愿地把这个事情告诉身边的朋友，分享到 IM 工具上，才有可能引发口碑传播，为企业做免费宣传，甚至达到营销目的。

这个爆点往往都是以网民需求策划的。企业要从网民关注的事、网民的心理、最想看什么、最想了解什么出发，来制造一个爆点，吸引他们的注意力。比如最熟悉的海底捞，相信大家都不会很陌生，在海底捞吃过的人，应该都享受过打包就送个西瓜的服务。从这点就可以发现，海底捞的核心就是口碑，它这个服务非常贴合人群的心理，在外吃剩下的东西，不打包就觉得浪费，可是有时候打包又觉得麻烦或者不好意思。然而海底捞用送西瓜鼓励消费者打包的行为，可以让他们打开心中的纠结，从而在网络上开始为海底捞做宣传、传播海底捞服务的贴心和到位。

海底捞的这一举动，使得他们自己和其他企业商家都意识到了口碑传播的强大性，从而不管在线上还是线下都会开展口碑营销活动，学会制造一个好的引爆点，吸引网友的热议和传播。

2) 利用爆点制造口碑传播的话题

在网络口碑营销中，单单只有爆点是不够的。口碑营销的核心在于通过话题让用户之间形成相互交流的模式，然后将企业品牌和产品宣传出去。如今最适宜制造话题的地方就是微博的"热门话题"了，企业可以利用"#热门话题#"来发布话题。只要话题新颖并与时代接轨，就能很容易地引起网民们的热议。

3) 选择合适的传播渠道

企业在做网络口碑营销的时候，应该根据自身产品、目标对象和话题来选择一个合适的传播渠道。网络传播具有传播的主动性，若采用得当，其效果是非常惊人的。

4）监控口碑营销的过程

企业在进行网络口碑营销的过程中，要善于监控，以衡量口碑营销的效果。而监控的重点就是数据，因为数据是最能反映口碑效果的，不同的传播渠道，就有不同的监控数据，如果是通过微博操作，那监控的数据主要就是转发量、评论次数、点赞次数等。

除了数据监控之外，还要预防产生负面的口碑效应。这个世界上每个人的看法是不同的，意见也是不同的，如果产生了负面的苗头，那么企业就要及时采取措施，尽量不让负面口碑扩大化。

15.1.8　饥饿营销实战步骤

企业想要做饥饿营销，就必须扣准网民们的消费心理，给他们制造一些供不应求的假象、限时抢购等。下面就来讲解一下饥饿营销的 3 个步骤，如图 15-10 所示。

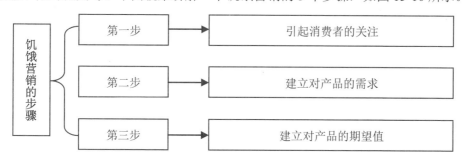

图 15-10　饥饿营销的步骤

1）引起消费者的关注

饥饿营销的第一步是引起消费者对品牌信息或品牌产品的关注，通常"低价""免费"和"赠送"等方式是最能吸引用户的手段。

就拿小米手机来说，一直都拿供货紧张来作为饥饿营销的方式。小米手机的定价一般比其他国产手机低一些，如此定价也只是为了吸引别人的关注。等网民都关注小米手机的时候，小米手机再宣布供货不足，此举在小米论坛上就炸开了锅，有很多网友在线贴出求预定号的相关帖子。

由此可见，小米手机饥饿营销目的达到，小米公司利用前期在网络上大肆宣传手机的好处，吊足网民的"胃口"，等到网民们有兴趣购买时，小米手机再宣布供货不足，就引起了那些想买小米手机的"米粉"的恐慌，从而想尽一切办法来购买。

2）建立对产品的需求

在互联网品牌营销中，网民们只关注却不购买产品的饥饿营销模式是没有什么价值的，企业在引起网民的关注后，还要建立起网友们对产品的需求。

举个例子来说，假如企业要推出一款新产品，先说它怎么怎么好、哪个明星都推荐(当然要按实际情况来说，不然那就是恶性的饥饿营销)，然后再推出送价值多少多少的礼物、代金券等，抓住网民们喜欢占便宜的心理，就能很好地调动他们的购买需求。

3) 建立对产品的期望值

企业在引起消费者关注、建立起消费者对产品的需求之后，还要让用户对产品的兴趣和拥有欲越来越旺盛，也就是提升消费者对产品的期望值。

有很多卖场主持人在送出第一份礼物之后，就会对想要宣传的产品进行详细的介绍，为什么要这么做呢？原因有如下两点。

- 一来可以筛选掉那些没有耐心和诚意的人；
- 二来就是给大伙"洗脑"。

当然这时的介绍需要生动而形象，让大家感受到现场的那种火爆的气氛，再加上主持人极具煽动力的语言，会使很多消费者在瞬间失去免疫力。

企业不仅仅要掌握饥饿营销的步骤，还要掌握其技巧，那样在运行饥饿营销的时候就比较轻松，没有那么吃力，效果也会提高很多倍。下面总结了几点饥饿营销的技巧。

- 客户群体定位，主要是了解潜在客户的群体特征，了解他们的需求，为饥饿营销的内容提供创建方向；
- 为迅速满足用户需求，企业可以针对用户群体的群体特征，创建吸引人的高质量的内容；
- 为了打造高质量的内容主题，可以将多种内容载体都运用起来，例如文字、图片、视频、动画、漫画、游戏等；
- 有了高质量内容，接下来就是如何让内容更快更好地传播，可以通过多种渠道发布内容，吸引更多网站转载，更多人点击。

15.2 SEM 营销

在网络营销里，不了解 SEM 营销的人只会认为它是一种营销方式，但从更深层的角度来说，它是一个整合型的营销利器。本节介绍 SEM 营销。

15.2.1 SEM 网络营销的概念

SEM 营销，又可称网络整合营销，它是一种全新的互联网资源整合营销模式，如图 15-11 所示。

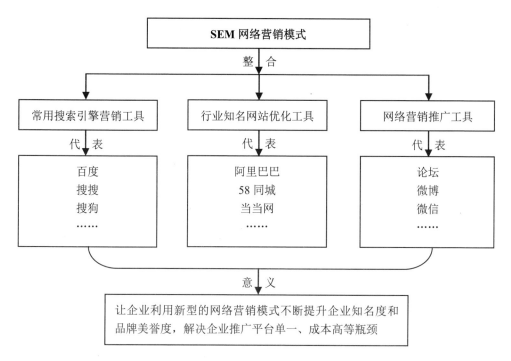

图 15-11　SEM 网络营销模式

15.2.2　SEM 营销的 5 大关键

企业想要做好 SEM 网络整合营销，就应该注意 5 大关键点，才能平稳进行，如图 15-12 所示。

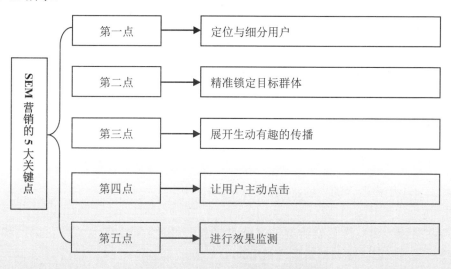

243

图 15-12　SEM 营销的 5 大关键点

1) 定位与细分用户

不管是传统的品牌营销，还是新时代的互联网品牌营销，如果企业想要最大化地实现可持续发展和长期的利润，要做的第一步都是定位目标用户群并对目标用户群进行细分。

找到哪些网络用户是目标用户，找到目标用户中的高价值用户，只有这样企业才能进行有效的 SEM 网络整合营销。

2) 精准锁定目标群体

企业在做 SEM 网络整合营销时，一定要在网络上精准锁定目标用户群体，同时企业应该根据用户属性选择平台来进行组合。

比如说是卖化妆品，那么企业就可以利用视频、微博、搜索引擎等组合做营销活动，如果把化妆品放置在 58 同城上做营销活动就不怎么合适了，毕竟 58 同城主要是招聘的；企业还可以根据用户行为选择投放平台、区域及时段三维度相结合的投放策略，实现主动搜索和品牌强化的双向营销，这样无疑是一种保险的营销方式。

3) 展开生动有趣的传播

企业要利用 SEM 营销的整合性，丰富多彩地进行网络营销活动，可以实现品牌的迅速传播。那么企业该怎么做才能把 SEM 网络整合营销做出亮点呢？下面总结了 5 点方法。

- 企业可以用不同的网络媒介，传播一致的品牌信息；
- 企业可以利用网络文字、图片、视频、手机等多种广告形式，满足不同用户心理的需求；
- 企业可以在不同时间、不同阶段，向网民传播协调一致的信息；
- 基于目标用户的搜索内容偏好度进行关键词、主题的展示；
- 在不同区域传播统一的定位和形象，实现空间的整合。

4) 让用户主动点击

企业在做 SEM 整合营销的时候，只有做到让网络用户主动点击、关注企业的营销活动，才算是一个比较成功的网络营销活动。如果一个网络用户愿意主动点击，那就证明企业的营销活动做得不错。所以说网络用户的主动点击率尤为重要。那么该如何得到网络用户的主动点击呢？

- 企业可以通过在线沟通工具，与消费者进行双向沟通；
- 可基于用户搜索行为习惯的 URL 布置，为企业带来更多点击率；
- 基于用户搜索的内容，制定营销活动。

5) 进行效果监测

在网络营销中，最重要的就是效果的监测，它能为企业带来网络营销活动的现状，然后可根据现状修改网络营销策略。

15.3　SEO 营销

对于网站的运行来说，SEO 营销是非常重要的，只有利用 SEO 营销，企业才能更全面地挖掘出网站的优缺点，增强网民们的网站体验度，从而提高品牌效益。

15.3.1　SEO 网络营销的概念

SEO 营销，在前面的章节已经有过简单的介绍，本节将对该营销工具进行详细的介绍。

SEO 营销是近年来较为流行的一种网络营销方式。通过 SEO 营销方式，能够为品牌企业的网站提供良好的营销解决方案，从而让网站在行业内占据领先地位，获得品牌收益。

SEO 的主要工作如图 15-13 所示。

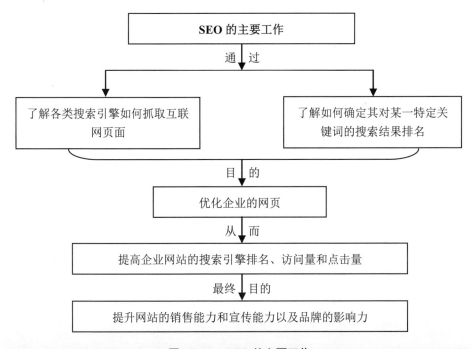

图 15-13　SEO 的主要工作

15.3.2　SEO 网络营销步骤

企业在做 SEO 网络营销的时候，不管企业涉及哪种行业，都得有一个运行的步骤，没有步骤地去做任何事只能是浪费时间，甚至导致营销活动的失败。下面就针对 SEO 网络营销详细讲解其步骤。

1) 熟悉企业行业

企业不管采用哪种营销方式，首要任务就是熟悉企业网站的行业，了解行业特征、竞争对手、针对人群、该人群的网络习惯等，那样才能有针对性地制定营销策略。企业只有把行业知识领域摸清楚才能达到最佳效果，所以网站 SEO 优化第一步就是熟悉企业网站的所属行业。

2) 分析关键词

分析关键词是企业进行 SEO 网络营销的重要环节，营销活动都是围绕关键词进行的，选择恰当的关键词能让企业网站获得更多、更好的流量。

选择关键词时要根据企业情况，选择符合企业实际情况的关键词，不要一味地跟着人群走，哪些关键词搜索量最多就选择那些关键词，这样的效果不会太明显。企业选择关键词的时候一定要记住"精"，不要一味跟风，要选择最适合自己的关键词。

关键词分析包括如图 15-14 所示的内容。

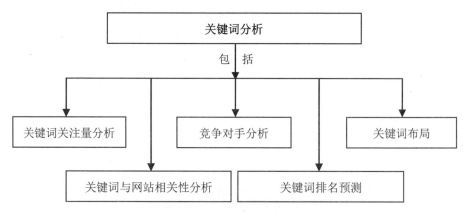

图 15-14　关键词分析

3) 网站诊断

企业首先要分析自己的网站结构是不是符合"蜘蛛"的爬行习惯(扁平结构与树形结构)，尽量列出网站哪些方面需要优化，然后再从页面布局、网站链接等方面进行优化，通过对网站进行系统诊断，剔除妨碍 SEO 的问题。

4) 进行网站优化

企业根据之前的网站诊断报告，对网站进行修改、优化，根据问题一步步、一项项地进行完善。总之，发现问题就要解决，千万不要觉得问题不那么明显，就把它忽略掉，那样是绝对做不出成功的 SEO 网络营销的。企业要秉着不放过一点瑕疵，造就一个精美而又有内容的网站的理念，其网站才能引起网民们的注意。

5）网站提交

为了让搜索营销的"蜘蛛"更容易抓取到企业的网站，企业在做好网站后，就要将网站提交到搜索引擎上，使其收录。那么怎么样才能提交网站呢？其实很简单，以百度为例，步骤如下。

步骤01　在百度上搜索"百度提交网站入口"并单击"百度提交入口"链接，如图 15-15 所示。

图 15-15　单击"百度提交入口"

步骤02　执行操作后填写自身网站的网址，如 www.baidu.com，然后单击"提交"按钮即可，如图 15-16 所示。

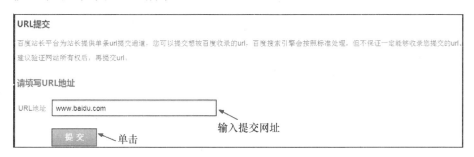

图 15-16　提交网址

6）反向链接和排名优化

企业网站最好勤做反向链接，这样就可以为网站导入大量优质的外表链接，提高网站的访问量；还要制定有效的优化策略来优化搜索引擎排名，提高网站主要关键词以及相关关键词在搜索引擎上的排名。

7）搜索引擎排名维护

搜索引擎在不断地发展，随时会有新算法出现，因此企业要根据搜索排名算法的变化，不断地作出调整来维护自身网站的排名。

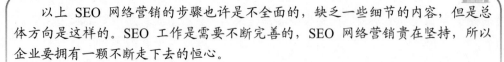

·专家提醒

　　以上 SEO 网络营销的步骤也许是不全面的，缺乏一些细节的内容，但是总体方向是这样的。SEO 工作是需要不断完善的，SEO 网络营销贵在坚持，所以企业要拥有一颗不断走下去的恒心。

15.4　电子邮件营销

　　电子邮件营销又简称为 EDM(Email Direct Marketing)，是通过电子邮件的方式向目标用户传递信息的一种网络营销手段，它广泛地应用于网络营销领域。电子邮箱营销有 3 个基本因素。

- 　　用户许可；
- 　　电子邮件传递信息；
- 　　信息对用户有价值。

　　这 3 个因素缺少一个，都不能称之为有效的电子邮件营销。

15.4.1　电子邮件营销特点

　　电子邮件营销是一种神奇的营销方式，它在网络营销中虽是一种"古老"的营销方式，但地位却一直是不可动摇的。随着互联网的发展，形形色色的网络营销方法随之推出，那么电子邮件营销为什么能一直维持其在企业心中的地位呢？下面就来挖一挖电子邮件营销的特点，如图 15-17 所示。

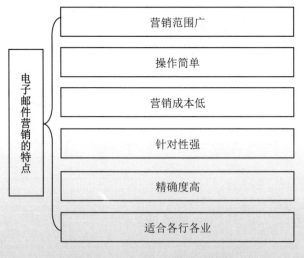

图 15-17　电子邮件营销的特点

1）营销范围广

随着互联网科技的发展，吸引了不少的人群纷纷参演网民的角色。而现在几乎每个网民都会有 2 个以上邮箱，由此可见电子邮件用户群的巨大。而作为现代广告宣传手段的电子邮件营销技术，可以在很短的时间内向数以万计的目标用户发布营销信息，使得营销范围非常浩大，甚至可以覆盖全球。

2）操作简单

电子邮件只要稍微懂一点电脑知识的人都能操作，其操作纯在手指的轻轻点击之上，一天内就能发送很多封营销邮件给世界各地的用户。

3）营销成本低

和传统广告形式相比，电子邮件营销的成本非常低，企业无须在电子邮件营销上花费太多的时间，无须进行营销预算的计划。

4）针对性

电子邮件营销具有邮件针对性强的特点，可以向特定的人群发送特定的营销邮件。企业可以根据行业或地域等进行用户分类，然后针对目标用户群进行营销邮件的群发，使宣传一步到位。

5）精确度高

由于电子邮件营销对用户的针对性很强，具备高精准传播的特点，企业可以针对某一特定人群、某特定行业的人或者某特定区域的人发送特定的邮件，实现精准化的内容推送。

6）适合各行各业

电子邮件营销内容不受限制，适合各行各业。

15.4.2　电子邮件营销技巧

电子邮件对于如今的人们来说是一种很重要的工具，它便于接收信息、注册账号等。对于企业来说，也是便于接近目标用户的一种网络营销方式。大多数人每天都会查看他们的邮箱，即使只是浏览一下标题，也有不少的企业在电子邮件营销这里得到了不菲的好处。那么企业怎样才能玩转电子邮件营销呢？下面就为企业提供几点技巧。

1）吸引眼球的主题

如今人们只会关注自己所感兴趣的东西，如果企业的电子邮件主题不能引起人们的兴趣，只会换来关闭或者删除的结果。所以，邮件标题或者摘要要直接说明企业邮件对目标用户的好处，如一些折扣信息、推送目标用户所关注的信息，当然要确保邮件的主题跟企业开展的营销活动相关。

2）不要频繁发邮件

企业不要过于频繁地给目标用户发邮件，因为这样很容易被用户当成垃圾邮件。

最好是一周两次，在能够与用户沟通的情况下，降低用户的排斥感。

3）设计简洁

企业在设计电子邮件结构的时候，不要太过复杂，也不要放置太过亮眼的图片，因为那样会让用户关注点产生变化，很容易忽略邮件主题内容。

4）投其所好

在投放营销邮件之前，企业应该做一个用户兴趣调查问卷，来挖掘潜在用户的兴趣。当企业的用户出现了不同的兴趣爱好后，企业应该将用户按照兴趣爱好进行分组，然后有针对性地发送相关邮件信息。

5）标题醒目

一个醒目的标题是邮件营销成功的第一步。

6）不要有太多的广告

太多广告的邮件只会被用户当成骚扰信息。

•专家提醒

也许以上的电子邮件营销技巧不是完整的，不过对于企业运行电子邮件营销的过程还是有很大启发的。

15.5　微视频营销

笔者已经不记得，微视频营销是什么时候出现的，只知道微视频营销就这么悄然来袭，以草根崛起的方式，使网络营销重新洗牌。

15.5.1　了解微视频营销

微视频营销是指个体通过手机、摄像头、MP4 等多种视频终端摄录、上传视频到互联网，以达到一定宣传目的的营销方式。

微视频时间通常比一般的电影视频要短，其内容广泛，涵盖小电影、纪录短片、广告片段、视频剪辑等。

微视频的营销方式多种多样，其中 4 种是最受企业看重的微视频营销方式，如图 15-18 所示。

1）微电影

微电影是网络时代的一种电影形式，因为微电影常常将人类的情感诉求融入其中，因此各大网络视频平台喜欢用这种方式传递品牌价值和品牌观念。

2）创意解说视频

创意解说视频是一种以轻松并富有说服力的方式将产品内容传递给广大网民的微

视频营销模式。

图 15-18　微视频营销的方式

3) 创业纪录片

创业纪录片主要是通过一些成功人士的创业路程的记录，来向消费者传达企业品牌的理念和内涵。

4) 广告片段

广告片段是一种将广告投放到网络上的营销方式。

15.5.2　微视频营销的技巧

微视频营销的兴起，给网络营销带来了不少的冲击力，企业相继运用微视频营销，希望从中得到一定的收获。但是经常观看视频的朋友们都会发现，视频的点击量有多有少。在视频点击量少的时候，企业就开始琢磨：究竟怎样才能获得高的点击量呢？为了让企业不走太多的弯路，下面就着重讲几点微视频营销的技巧，仅提供参考。

1) 视频标题吸引人

一个具有吸引力的标题，绝对能为微视频营销带来不少的网络用户关注度。值得注意的是，企业在设置微视频标题的时候，需要注意如图 15-19 所示的事项。

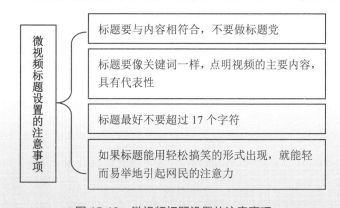

图 15-19　微视频标题设置的注意事项

2) 视频内容的选择

微视频的内容决定微视频营销传播的力度和广度，目前具有吸引力的内容通常是有趣、搞笑等类型的视频。

3) 生动的缩览图

生动有趣的缩览图能够成为微视频吸引用户的一大法宝。

4) 首页曝光

企业有两种办法把自己的微视频放置到平台首页上，如图15-20所示。

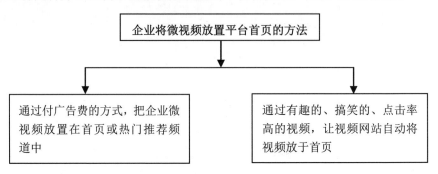

图 15-20　企业将微视频放置平台首页的方法

5) 利用弹幕功能

如今视频弹幕功能运用非常广泛，是网民之间互动的好工具。企业与其等待网民被动接收视频信息，不如让网民主动参与到传播的过程中，这样更有利于微视频营销的传播效率以及更进一步达到营销目的。

•专 家 提 醒

弹幕功能，是指网民在观看视频的过程中，利用弹幕功能发表自己的想法，这样正在观看视频的其他人就可以看到。视频发布者想要达到一定的营销效果，就可以充分利用这一功能，与线上的其他用户形成互动。